哈佛家訓（IV）

威廉．貝納德◎編著　張玉◎譯

序言

來美國的這麼多年，讓我感受最深的事情，就是他們對家庭教育的重視。美國人願意陪孩子玩遊戲，願意爲孩子講故事，願意帶孩子做家務，願意和他們一起四處旅遊……在這些日常生活中，他們把自己美好的價值觀，把自己優良的個性慢慢滲透到孩子們的身上，使他們較早地具備了成熟獨立的個性，從小就有了比較豐富的閱歷和思想。

相對而言，我們中國的家長似乎更重視自己的生存和發展，在他們的人生設計中，很少考慮到孩子的未來——如果說眞的有所考慮的話，最多只是考慮如何給孩子積蓄更多的錢，或者爭取自己擁有更高的地位，以便使孩子將來能因此得到更多的福澤和方便。這種觀念導致的結果是，在孩子正需要心靈引導的時候，卻無法得到父母眞正的關懷。

更爲嚴重的是，我們做父母的常常不知道拿什麼來教育孩子，因爲我們自己也不能肯定，什麼才是教育他們的最好課本，什麼才是約束他們言行的最佳準則。所以，許多父母只好用自以爲正確的觀念來訓導子女，甚至還有的父母，根本就不能確定自己的想法是否正確，只是曾經受過這樣的教育，就習慣性地照搬使用。

這種狀況的確是令人憂慮的。孩子是一張光潔的白紙，是一泓未受污染的清泉，在他們人生開始的時候，我們一定要用最好的精神文化來薰陶他們，用最美的道德來塑造他們，用最純淨的事物來感動他們……孩子的身心有如春天的土地，如果錯過了播種的季節，秋天等來的就是荒蕪。最可怕的是，如果由於我們的粗心，不小心給他們播下了不良的種子，那麼我們等來的就將是一生的後悔。

最近幾年來，我在做其他研究的同時，收集了很多適合家庭教育的材料，其中有許多是經典短小的故事。這些故事有的來自格林童話、伊索寓言、紀伯倫散文等國外名著，有的來自英文報刊，有的來自各類中文資料。這些故事生動有趣，寓意深刻，這種「故事教育」不僅對孩子幼小的心靈有很好的感化作

序言

用，而且對父母也具有啓發意義。

不少故事我都細心進行了篩選和整理，修正了那些不適合青少年的內容，然後給予評點。雖然所有的孩子都需要新穎健康的思想來餵養，然而我相信，很少有父母願意花費那麼多心血爲自己的孩子尋找這樣的精神食糧。所以，我經常把自己的經驗介紹給國內的親朋好友，並把我整理好的東西送給他們一起分享。

這就是我編選這本書的初衷和經歷。我希望它能夠拋磚引玉，使更多的父母願意爲孩子的成長做一些力所能及的事情，更希望這些故事能夠爲我們的孩子帶來生命的祝福，帶來陽光和水，帶來像彩虹一樣燦爛的未來。

威廉·貝納德

目錄

行動

匯聚大海的水滴

心態

成就未來的境界

目錄

自律

遏制欲望的力量

目錄

大度

容納天地的胸懷

感恩

珍惜萬物的慧心

目錄

行動

匯聚大海的水滴

艾力克，我想用我的小車換你的城堡——你喜歡我的小汽車嗎？

其實你不用拿小車交換，我的城堡也是你的城堡——我們可以一起玩呀！

聰明的瑞迪

十八歲的瑞迪在暑假將要來臨的時候，對爸爸說：「我不想在整個夏天都向你伸手要錢，我要外出找個工作。」

父親說：「好啊，我會想辦法給你找個工作，但是恐怕不容易，現在正是人浮於事的時候。」

「你沒有弄清我的意思，我並不是要你給我找個工作，我要自己找。還有，請不要那麼消極，雖然現在人浮於事，我還是可以找到工作的。我相信總有些人可以找到工作。」瑞迪說道。

父親帶著疑惑問道：「哪些人呢？」兒子回答說：「那些會動腦筋的人。」

瑞迪在「有事求人」廣告欄上仔細尋找，發現了一個很適合他專長的工作。廣告上說，受聘者要在第二天早晨八點鐘到達四十二街等候面試。

瑞迪沒有等到八點鐘，在七點四十五分鐘就到了面試的地方，可他看到已有二十個男孩排在那裏，他只是隊伍中的第二十一名。

怎樣才能引起雇主的注意而競爭成功呢？這是一個問題，他應該怎樣解決這個問題？瑞迪想，只有一件事可做——動腦筋思考。因此他進入了那最令人痛苦但也是最令人快樂的程式——思考。在眞正思考以後，總是會想出辦法的，瑞迪就想出了一個好辦法。

他拿出一張紙，在上面寫了一些字，然後折得整整齊齊，走向秘書小姐，恭敬地對她說：「小姐，請您馬上把這張紙條交給您的老闆，這非常重要。」

秘書看著他，如果他是個普通的男孩，她可能會說：算了吧，小夥子，回到隊伍的第二十一個位子上等吧。但是他不是普通的男孩，她憑直覺感到，這個小夥子身上散發出一種自信的氣質。

「好啊！」她說，「讓我來看看這張紙條。」她看後不禁微笑起來，立刻走進老闆的辦公室，把紙條放在他的桌子上。

老闆看了也大笑起來，因爲紙條上寫道：「先生，我排在隊伍中的第二十一位，在你沒有看到我之前，請不要作決定。」

瑞迪是不是得到了工作？他當然得到了這份工作，因為他是一個會動腦筋思考的人，也是一個敢於行動的人。

機會總會垂青於那些主動思考、敢於行動的人。在被動的情勢面前，怎樣在眾人中脫穎而出？凸現自己的自信和個性風格，可以將你推向與眾不同的舞臺，瑞迪的機智正在於此。

你想不想成爲百萬富翁

多年以前，一個年輕的退伍軍人來找戴爾．卡內基，他想要得到一份工作，但是他覺得很茫然，不知道自己到底能幹什麼。所以他告訴戴爾．卡內基，他沒有什麼奢求，只希望能養活自己，並且找到一個棲身之所就夠了。

在成功學家戴爾．卡內基的眼中，每個人都大有可爲，只要他胸懷大志。卡內基非常清楚，一個人能否成功，其實就在一念之間。

卡內基問他：「你想不想成爲百萬富翁？賺大錢輕而易舉，你爲什麼只求卑微地過日子？」

「不要開玩笑了，」退伍軍人回答，「我的肚子需要塡飽，我需要的是一份普通的工作。」

「我不是在開玩笑，」卡內基說，「我非常認眞。你只要運用手頭現有的資產，就能夠賺到幾百萬元，只要你願意。」

「資產？」他疑惑地問，「我除了穿在身上的衣服之外，什麼都沒有。」

「其實你有足夠的資產，只是你沒有發現。你現在需要的是一個目標，然後開始走向目標。」

從談話之中，卡內基逐漸了解到，這個年輕人在從軍之前，曾經擔任富勒．布拉的機械設備業務員，在軍中他還學得一手好廚藝。也就是說，除了健康的身體，他所擁有的資產還包括烹調手藝及產品銷售的技能。他唯一缺少的是積極進取的雄心和對自己固有資源合理利用的能力。

卡內基和他交談了兩個多小時，漸漸使他從一個茫然和絕望的人變成一個積極的思考的人。一個靈感突然跳進他的腦海：「我爲什麼不運用銷售技巧，說服家庭主婦，然後把烹調器具賣給她們？」

這個退伍軍人用手頭僅有的錢，買了幾件像樣的衣服和一套烹調產品，然後就開始了自己的計畫。第一個星期，他賣出了一套烹調器具，賺了五十美金。第二個星期他用賣第一套炊具的錢批進了第二套，於是得到了加倍的收入。不久之後，他開始訓練業務員，用他的方法幫他銷售成套的烹調產品。四

年之後，他的年收入就超過了一百萬。

每個人的身上都有一兩種基本生活技能，只要你合理利用這些技能，並且敢於付諸行動，你就可以從身無分文變爲百萬富翁，從一文不名到功成名就。

只要我們擁有一塊小小的石頭，就有辦法擊中一個目標。不要因石頭太小而失望，只要給它附加一個速度，它就獲得了力量。

世上有很多天才，也有很多平庸之輩，他們之間的唯一區別就是：前者一直把石頭捏在手裏，後者卻用力將它扔了出去。

馬上出發

安東尼·吉娜是紐約百老匯最年輕、最負盛名的演員之一，她曾在著名的脫口秀節目《快樂說》中講述了她的成功之路。

幾年前，吉娜是大學藝術團的歌劇演員，畢業的時候，她向人們展示了一個璀璨的夢想：先去歐洲旅遊一年，然後到百老匯拼搏，爭取成爲一名優秀的明星。

吉娜的心理學老師找到她，問道：「你旅歐之後去百老匯，跟一畢業就去有什麼差別？」吉娜仔細一想：是呀，赴歐旅遊並不能幫我爭取到百老匯的工作機會，於是，她決定幾個月後就去百老匯。

老師又問她：「你幾個月以後再去和現在就去有什麼不同？」吉娜有些激動，想想那個金碧輝煌的舞臺和那雙在睡夢中縈繞不絕的紅舞鞋，她情不自禁地說：「好，給我一個星期的時間準備一下，然後就馬上出發！」老師步步緊逼：「所有的生活用品在百老匯都能買到，爲什麼非準備一個星期呢？」

吉娜終於雙眼盈淚地說：「你眞的認爲我可以嗎？」老師堅定地看著她說：「你當然可以！」

「好，我明天就動身。」老師讚許地點點頭，說：「我馬上幫你訂明天的機票。」第二天，吉娜就坐飛機到了全世界最巔峰的藝術殿堂——紐約百老匯。

當時，百老匯的製片人正在醞釀一部經典劇碼，幾百名各國演員蜂擁前去應聘該片主角。按當時的應聘步驟，是先挑選十來個候選人，然後讓他們按劇本的要求表演一段主角的道白。這意味著要經過百裏挑一的艱苦角逐。

吉娜到了紐約後，沒有急著去漂染頭髮和購買衣服，而是費盡周折從一個化妝師手裏拿到了將要排練的劇本。以後的兩天中，吉娜閉門苦讀，悄悄演練。初試那天，當其他應聘者都按常規介紹自己的表演經歷時，吉娜卻要求現場表演那個劇碼的道白，最終她以精心的準備出奇制勝。

就這樣，吉娜來到紐約的第三天，就順利地進入了百老匯，穿上了她演藝人生中的第一雙紅舞鞋。

人們習慣於將夢想的實現推遲到將來，不是因為時機還沒成熟，而是因為他們畏懼、懶惰、缺乏自信。

遲疑使等待的痛苦變得長久，使成功的幸福變得遙不可及。

通往未來的路永遠不在未來，而在當下，如果你不能現在上路，也許就要錯過一生。

看傑米有什麼辦法

傑米是個普通的年輕人，家中有妻子和兩個小孩，但他的收入並不多。全家人住在一間小公寓，夫婦兩人都渴望有一間新房子。他們希望有較大的活動空間、有比較乾淨的環境、有寬敞的地方供孩子們玩耍。

買房子的確很難，必須有錢支付分期付款的頭款才行。有一天，當他簽發下個月的房租支票時，突然意識到，每月的房租其實跟買新房的分期付款差不多。

傑米跟太太說：「下個禮拜我們就去買一間新房子，你看怎樣？」

「你怎麼突然想到這個？」她問，「開玩笑！我們哪有能力！可能連頭款都付不起！」

但是他已經下定決心：「跟我們一樣想買一間新房的夫婦大約有幾十萬，

其中只有少部分人如願以償，原因是，大家都像我們過去一樣，被頭款嚇退了腳步。我們一定要想辦法買一間房子。雖然我現在還不知道怎麼湊錢，可是一定要想辦法。」

接下來的一個禮拜，他們眞的找到一間兩人都喜歡的房子，樸素大方又合理實用，頭款是一千二百美元。現在的問題是，如何湊夠一千二百美元。傑米知道，他無法從銀行借到這筆錢，因爲這樣會妨害他的信用，使他無法獲得抵押借款。

他突然有了一個靈感：爲什麼不直接找承包商談談，向他私人貸款呢？他眞的這麼做了，但承包商起先很冷淡，因爲他沒有遇到過這樣的情況。由於傑米一再堅持，他終於還是同意了。他願意傑米把一千二百美元的借款每月償還一百美元，利息另外計算。

現在傑米要做的是，每個月如何另外湊夠一百美元。夫婦倆想盡辦法，一個月只可以省下二十五美元，還有七十五美元要另外設法籌措。

這時傑米又想到一個辦法。第二天早晨上班之後，他直接跟老闆解釋了這件事，他的老闆對於他要買新房感到很高興。

傑米說：「彼恩先生，你看，爲了買房子，我每個月要多賺七十五美元才行。我知道，當你認爲我值得加薪時一定會加的，可是我現在可能還不夠條件，但我確實很想多賺一點錢。公司的某些事情可能在週末做會更好，你能不能答應我在週末加班呢？有沒有這個可能呢？」

老闆對於傑米的誠懇和雄心非常感動，眞的找出許多事情讓他在週末工作十小時，於是他得到了他需要的薪水，很快他們全家就歡歡喜喜地搬進新房了。

當傑米想買房子的時候，他沒有因為錢少而退縮，而是為「想買房子」這個想法輸入了一連串積極的行動，結果他如願以償。

成功只鍾情那些有目標的人，目標只鍾情那些有行動的人。

試試壞的開始

有一段時間，政治上遭受打擊的邱吉爾整日神情抑鬱。一個鄰居剛好是一位畫家，家裏堆滿了各種各樣的顏料、畫筆、畫布以及畫好的作品。邱吉爾一家經常被邀請去欣賞那位鄰居的傑作，後來在家人的勸慰下，邱吉爾開始跟鄰居學習油畫。

邱吉爾在政治舞臺上是一個敢作敢為的政治家，可是對著那張乾淨整潔的畫布，他半天都不敢下筆，生怕出一點差錯。畫家見了，索性將所有的顏料全部潑到畫布上。邱吉爾一見畫布上一片狼藉，於是就拿起畫筆任意塗抹起來，就這樣，邱吉爾畫出了他的第一幅作品。雖然並不完美，但那畢竟是一個很大的突破。

從此，邱吉爾開始放開手腳畫畫。經過不斷地練習，他終於在畫技上有了

長足的進步，最後他不僅給畫壇留下了大量構思大膽、風格獨異的油畫作品，而且還因此恢復了自信，東山再起，在英國甚至在世界歷史上創造了驚人的偉績。

好的開始是成功的一半。但是，如果沒有好的開始，我們就不妨試一試壞的開始，因為一個壞的開始要比永遠沒有開始要好得多。

辛蒂和西維亞

有一位名叫西維亞的美國女孩，她的父親是波士頓有名的整形外科醫生，母親在一所大學擔任教授。從念中學的時候起，西維亞就一直夢寐以求地想當電視節目主持人，她覺得自己具有這方面的才幹，因爲每當她和別人相處時，即使是陌生人也都願意親近她並和她暢談。她知道怎樣從人家嘴裏「掏出心裏話」，她的朋友們稱她是「親密的隨身精神醫生」。她自己常說：「只要有人願意給我一次上電視的機會，我相信一定可以成功。」

但是，爲達到這個理想西維亞做了些什麼呢？什麼也沒做！她一直在等待奇蹟出現，希望一天有人找到她，從此一夜之間就當上電視節目主持人。西維亞不切實際地期待著，結果什麼奇蹟也沒有出現。誰也不會請一個毫無經驗的人去擔任電視節目的主持人，而且任何一個節目主管都不會跑到外面去搜尋天

才，因爲總是有別人去找他們。由於這個原因，西維亞後來只好當了一名產品行銷員。

另一個名叫辛蒂的女孩和西維亞一樣，從小就對電視節目主持人懷著夢想，不過後來她眞的如願以償。辛蒂知道「天下沒有免費的午餐」，一切成功都要靠自己的努力去爭取。她不像西維亞那樣等待機會出現，她白天去做工，晚上在大學的舞臺藝術系上夜校。畢業之後，辛蒂開始謀職，跑遍了洛杉磯每一個廣播電臺和電視臺。但是，每個地方的經理給她的答覆都差不多：「至少要有幾年的專業經驗，否則我們不會雇用。」

但是，辛蒂不願意退縮，而是大膽走出去尋找機會。她仔細閱讀各類廣播電視方面的雜誌，最後終於看到一則招聘廣告：北達科他州有一家很小的電視臺，招聘一名預報天氣的女播音員。辛蒂是加州人，不喜歡北方。但是，有沒有陽光，是不是經常下雨，這些都沒有關係，她希望找到一份和電視有關的職業，幹什麼都行！她抓住這個機會，馬上動身到北達科他州。

辛蒂在那裏工作了兩年，後來又在洛杉磯的一家電視臺找到了一份工作。又過了五年，她終於得到提升，成爲夢想已久的節目主持人。

爲什麼西維亞失敗了，而辛蒂卻能夠成功？因爲西維亞一直停留在幻想中，一直在坐等機會；而辛蒂則不同，她一直在行動，終於一步一步地實現了理想。

天賦從來不會將你直接送到成功的殿堂。相反，步入這個殿堂的首要前提就是忘記自命不凡的天賦，以免它遮蔽了雙眼，阻止了前進的腳步。

這就好比乘坐一輛駛向成功的列車，你得沉住氣耐心地一站一站靠近終點，而不是站在原地，以為終點會自己跑過來撲向你。

愛心從身邊開始

在一次愛心培訓課程中，培訓師讓學員們發言，談談各自的目標和計畫。

一位學員說：「我要爭取賺夠一百萬美元，然後就辦一個社區養老院，讓那些無依無靠的老人過快樂的生活。」

一位學員說：「我準備寫一本書，教給那些失業者如何重新找到工作和自信，使他們從絕望中樹立生活的信心。」

一位學員說：「我會每天爲那些身處災難中的人們祈禱，願上帝保佑他們轉危爲安。」

培訓師笑一笑，沉默了一會兒，然後再讓其他學員發言。

一位殘疾青年說：「我有一位八十四歲的鄰居，她的冰箱裏總是空空的，因爲她不能親自去超級市場。於是我就每天替她把食品買來，送到廚房，放進她的冰箱。我的行動不方便，所以只能做這些小事情。」

一位有三個孩子、丈夫卻過早去世的婦女說：「我認識一位年輕的媽媽，她經常兩手各拖著一個剛會走路的孩子，卻還有一包東西要拿。她如果多一隻手，問題就迎刃而解了，可是她不可能多出來。我就告訴她，在她外出辦事時，可以把孩子放在我家，這樣她就會感到輕鬆多了。」

一個在校大學生說：「有個慈善聯誼會急需一些義工，為那些臥病在床的人做一些清洗工作。一位朋友跟我談過後，我們便一塊去做。每週抽出兩個小時就行了，雖然是一點兒小幫助，卻給別人帶來了很多安慰。」

培訓師再一次笑了，他說：「大家不要總是坐在那裏思考、計畫要做什麼，在遇到每個需要幫助的人和事情時，應該立刻付諸行動。在做這些事的時候，我們也不要總是想，我是在奉獻愛心，做這些事情的時候，最好什麼都不想，因為這一切都是理所當然的。」

善意只有表達出來才是善行，否則，它只是太陽的影子，永遠不能給人帶來溫暖。

哪怕只是山泉溪流，只要它不停地涓涓流淌，最後就可以匯成海洋。

真正的愛心和善意是一種日積月累的行動，是一種生活方式，真正的善使你不知道你在行善。

釀酒人的兒子

在青少年時期，吉姆的父親就告誡他，將來不要做釀酒人，他們祖祖輩輩以此謀生，專爲當地的啤酒廠釀造啤酒，可是他們的生活卻沒有變得更好。

吉姆接受了父親的忠告，努力學習，以優異的成績考取了哈佛大學，幾年後又考取了該校的研究生，主攻法律和商業。

在讀研究生的第二年，吉姆似乎突然有了一種衝動，希望實實在在做一些事情，這麼多年來，他除了上學讀書以外，還什麼都沒有做過。他要爲今後的人生做出新的選擇。

哈佛畢業後，吉姆當過五年半的野外攀登教練，後來他又在波士頓一家商業諮詢公司找到一份薪水豐厚的工作。可是，他的頭腦中時常縈繞起一絲疑慮：難道這就是我想一直做到五十歲的工作嗎？

就在不久前，吉姆幫父親整理閣樓時，偶然發現了一張黃紙片上的啤酒配方。父親告訴他說：「現在的啤酒基本都是水，只是上面有一些泡沫。我們過去釀造的啤酒可不是這樣。」

美國人總是喝進口的啤酒，但那常常是既不新鮮又走了味兒的東西。爲什麼我們不能自己釀造更好的啤酒呢？吉姆決定辭職，做一名釀酒人，他突然發現，多少年來自己一直眞正想做的事情可能就是這個。當他把這個想法告訴父親時，父親傷感地說了一句話：「吉姆，這是我所聽到的最愚蠢的話！」

但這並沒有阻止吉姆的腳步。他拿出了十萬美元的積蓄，又從朋友那裏募集了十萬美元。他終於做了一名釀酒人。

啤酒釀造出來後，最大的問題是如何將它送到消費者手中。銷售商們說：「你的啤酒太貴了，而且沒人聽說過它的名字。」吉姆想了很久，最後他以曾領導波士頓傾茶事件的釀酒人及愛國者的名字來命名自己的啤酒——撒母耳．亞當斯。

吉姆打算用直銷的方法來打造這個牌子。他將啤酒及冰袋裝進大皮箱，穿上筆挺的西裝，向一間間酒吧走去。

大多數調酒師起初還以爲吉姆是國家稅務局的官員，但當他打開皮箱時，才引起他們的注意。他向調酒師們講述了自己的故事——如何用父親祖傳的配方開創這家小小的啤酒廠。之後，有個調酒師驚訝地說：「孩子，我喜歡你的故事，但我更喜歡你啤酒的味道。沒想到這啤酒會這麼好！」

六周後，在美國「大啤酒節」上，吉姆的「撒母耳・亞當斯」啤酒獲得了美國啤酒節的最高獎。

接下來的事情就成爲歷史了。其實開始時，吉姆無論如何都沒有想到自己會走上這條路——做一個釀酒人，但興趣和執著帶他走上了這條道路。他終於成功了。

同樣是從事啤酒行業，為什麼吉姆的父親沒能改變他們的生活，而吉姆卻可以大獲成功呢？顯然，職業本身沒有優劣之分，成敗的關鍵在於：你是否熱愛它，是否在滿懷激情地工作。

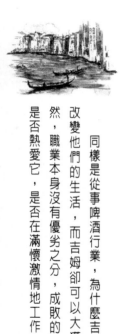

最有用的事情

一位圖書館館長每天早晨八點，總是親自為自己的圖書館開門，然後對第一批踏進圖書館大門的讀者問候致意。巡視一番後，才去自己的辦公室。

有人告訴他，館長不必做這些小事。他卻認真地說：「這的確是小事，但對圖書館來說，卻是每天最有用的事情。」

一個編織毛衣的女人是美麗的，一個劈柴的男人是有魅力的，一隻正在下蛋的母雞是動人的，一隻忙碌的蜜蜂是可愛的——因為他們都在做著對生活有幫助的事情。

每一天結束之後，我們是否反省過，你做了哪些實實在在的事情？不要小看那些瑣事，正是它們構成了我們生活裏最細膩、最親切的關懷。在我們心存高遠的時候，不要忽略眼下的每一個小節，正如樹枝上的一個嫩芽，到明天它就是一片翠綠。

每一天起碼要做一件實事，哪怕微不足道，你的這一天就會過得踏實無憾。

丹麥歷史上有一對很有名的科學家兄弟，哥哥尼爾．波耳是物理學家，外向、健談；弟弟哈洛．波耳是數學家，內向而且拙於言辭。

他們從小就喜歡做一個小遊戲——彼此說出對方愚蠢或可笑的缺點。哥哥尼爾覺得這是很好玩的一件事，但弟弟哈洛每次總是說：「噢，我可能說不好。」

哥哥說：「難道你不想讓我快樂嗎？」

弟弟只好說：「那你先說吧。」

哥哥開始批評弟弟：「你口齒不清，不會說幽默的話，不會讓別人感到快樂……好了，現在你可以說我了！」

弟弟還是笑著，他想了一會兒，平靜地說：「你……你說話太快……」

哥哥等得不耐煩了，便說：「你要說我的缺點，知道嗎？」

弟弟這才又「嗯嗯」地開了口：「哥，你看，你的衣領上有一根線頭露出來啦，它很不美觀哩。」邊說邊踮起腳幫他拿掉那根露出的線頭。

哥哥被感動了，一把抱住了弟弟——這便是弟弟的力量，他的確拙於言辭，但他卻不拙於行動，他不會說，但會做。

行動是世界上最美麗的語言。

每當我們指望用語言來刻意裝飾和表達什麼的時候，為什麼不試著用最直接的行動來展現？

風中的落葉

老師在課堂上對學生說：「世界上有一種人，他們會在生死關頭把生留給別人，而自己選擇死。」

阿里從小就害怕死亡這件事，所以，他從來都認為老師在說謊。

有一天，阿里嚴肅地問媽媽：「世界上眞的有那種願意犧牲自己的人嗎？」

「當然，孩子，讓媽媽給你講一個故事吧。」媽媽輕輕地對阿里說。

「那是發生在一個建築工地上的故事。年輕的馬丁和科爾是一對好朋友，他們都是建築工人。一個秋天的下午，他們正在尚未竣工的大樓上幹活，那裏離地面有幾十公尺高。

突然，他們站立的木板斷裂了，一剎那，兩個人同時從幾十公尺的高空落下，他們都認爲自己肯定完了。

但是幸運的是，一個防護桿拯救了他們。但兩個人實在太重了，脆弱的防護桿只能承受一個人的重量，他們中間必須有一個人放開手。然而求生的本能讓他們都緊緊地抓住了防護桿。

時間在一點點過去，防護桿開始吱吱作響，眼看就要斷了。這個時候，結了婚的科爾含著眼淚對馬丁說：「馬丁，我還有孩子！」

沒有結婚的馬丁只是靜靜地說：「那好吧！」然後就鬆開了手，像一片樹葉飄向了水泥地面。

「媽媽，眞有這樣的事情嗎？它只是個故事而已吧。」阿里不以爲然地說。

「阿里，那個得救的人就是你的爸爸，你爸爸說的孩子，就是你。」媽媽眼裏含著眼淚。

空氣頓時凝固了，阿里望著媽媽，顫抖地說：「馬丁叔叔一定是那個秋天最美麗的樹葉，是嗎，媽媽？」

「是的，那片美麗的樹葉現在一定飛上了天堂，上帝也會爲他的美麗而感動。」

在防護桿吱吱作響的時候，馬丁只說了三個字。對於友誼，他只用了一個行動來表達。

從哈倫德到肯德基

在美國，所有的人都知道一個名字：哈倫德。

哈倫德的父親是印第安那州的農民，在哈倫德五歲時他就去世了。哈倫德十四歲從格林伍德學校輟學，開始了流浪生涯。

哈倫德在農場做過雜活，幹得很不開心。他當過電車售票員，也很不成功。十六歲透過謊報年齡哈倫德參了軍，而軍旅生活讓他厭倦無比。一年的服役期滿後，他去了阿拉巴馬州，開了個鐵匠鋪，不久就倒閉了。

隨後哈倫德在南方鐵路公司當了機車司爐工。他很喜歡這份工作，以爲終於找到了自己的位置。十八歲時他娶了妻子，沒想到僅過了幾個月的時間，就在他得知太太懷孕的那一天，又不幸被解雇了。

有一天，當哈倫德在外忙著找工作時，太太帶著他們所有的財產，悄悄出走了。

哈倫德沒有因爲屢屢失敗而放棄，他不斷地失敗，也不斷地努力著。大蕭條來臨了，哈倫德又開始到處尋找工作。他賣過保險，也賣過輪胎。他經營過一條渡船，還開過一家加油站。結果都無一例外地失敗了。

不久，哈倫德到考賓一家餐館當了主廚。要不是一條新的公路剛好穿過那家餐館，他會一直做下去。

後來，哈倫德又做過很多事情，但每一件事都是半途而廢。很快哈倫德到了退休的年齡，但直到此時，他仍然是一個毫無建樹的人。時光飛逝，眼看一輩子都過去了，而哈倫德卻一無所有。要不是有一天郵遞員給哈倫德送來了他的第一份社會保險支票，他還不會意識到自己老了。

政府很同情哈倫德。朋友調侃地對他說：「輪到你擊球時你都沒打中，如今不用再打了。」

是該放棄、退休的時候了。但那一天，哈倫德突然像被什麼激怒了。面對那張一百零五美元的支票，他突然有了一個新的念頭：開一家速食店。

當時哈倫德六十五歲，但到他八十八歲高齡時，終於大獲成功。

現在，哈倫德開創的事業依然欣欣向榮，他的連鎖店遍布全世界，這個店的名字叫做「肯德基」。

哈倫德跟我們大多數人一樣，不甘於到退休的時候還一事無成；但哈倫德又跟我們大多數人不一樣，一次次的挫敗，再加上六十五歲的年紀並沒有成為他放棄繼續努力的理由。

產生一個新念頭就會產生一個新的希望，在人生的舞臺上，擊球的機會是自己給的，打不打取決於你的行動，而不是年齡。

當失敗打不倒我們的時候，失敗就變成了成功。

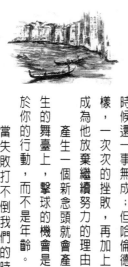

抓住每一個「今天」

世界知名的約翰．霍普金斯醫學院的創始人約翰．奧斯勒爵士，年輕時曾對前途充滿憂慮。上學時他總在擔心怎樣通過期末考試，畢業後又擔心怎樣才能找到工作，怎樣才能生活……種種憂慮使他情緒低沉，彷徨不前。

直到一八七一年的春天，奧斯勒看到了一本書，其中有一句話使他受到莫大的啓示：「最重要的不是要去看遠方模糊的事，而是做手邊清楚的事。」於是，他開始明白自己應該採取的是行動。從此，奧斯勒「用鐵門把過去和未來隔斷，生活在完全獨立的今天裏」，每天都專心致志地處理當天的工作與生活，他認爲，爲明日準備的最好方法，就是集中你所有的智慧，所有的執著，把今天的工作做得盡善盡美。

這一理念使奧斯勒最終成爲那個時代最傑出的醫學家，被英皇冊封爲爵

士，被牛津大學醫學院聘爲客座教授。去世後，人們爲奧斯勒寫下厚達一千四百六十六頁的傳記，以記述他卓越不凡的一生。

底特律城已故的成功商人愛德華．依文斯，在懂得「生命就在生活裏，就在每一天和每一個時刻裏」的道理之前，也幾乎因憂慮而自殺。由於銀行倒閉，他不但損失了所有財產，還負債累累。他爲此焦慮得吃不下，睡不著，直到重病臥床。不久醫生向他下達病危通知，斷定他最多只能活兩個月。

面對即將來臨的死亡，依文斯突然平靜下來，放棄了所有掙扎和擔憂。他寫好遺囑後，就放心睡覺，放心吃飯，胃口也逐漸好起來。幾個禮拜後，他竟然開始恢復了。又過了幾個禮拜，他竟然能夠工作了。依文斯再也不爲過去後悔，也不爲將來擔憂，而是把所有的精力和熱誠都放在每一天的生活中，終於他奇蹟般地康復了，而且獲得了事業的成功。

現在，如果你乘飛機到格陵蘭，一定會降落在依文斯機場——這是爲紀念依文斯而命名的飛機場。可是，如果沒有學會「生活在完全獨立的今天裏」這句話，他可能永遠也不會獲得這樣的榮耀。

儘管我們每一個人都活在「今天」裏，但卻極少有人能擁有「完全獨立的今天」。如果我們也能全心全意著眼於今天，「集中你所有的智慧，所有的熱誠，把今天的工作做得盡善盡美」，那麼無數個美好的「今天」會使你享受到無憂無慮的人生，而無數個獨立的「今天」所做的努力，也必定會孕育出一個意想不到的燦爛明天。

「昨天」可以儲存我們的回憶，「明天」可以寄託我們的嚮往。在生命長河裏，只有「今天」才能夠承載我們的行動。趁「今天」還握在我們手上的時候，讓一切願望趕快付諸行動吧！

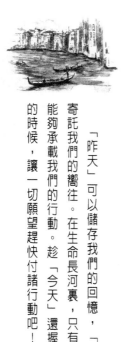

斯芬克斯謎語

有一個獅身人面的怪獸，名叫斯芬克斯。它有一個謎語，謎面是：「早晨用四隻腳走路，中午用兩隻腳走路，傍晚用三隻腳走路。」它向每個路人說出這個謎語，如果猜不出謎底，就會被它吃掉。至今，沒有一個人知道這個謎底。

一個年輕人決定去試一試。「你這不是等於去送死嗎？」他的朋友們勸他不要冒險，他卻堅定地說：「我雖然還不知道謎底，但我相信，如果我真的去了，一定會找到答案。」

斯芬克斯見有人來了，非常高興，照例說出了那條謎語，然後不懷好意地等著年輕人回答。

年輕人看著怪獸，他感到這確實是個難猜的謎語。「快點！」斯芬克斯憤怒地張著大嘴吼道，恨不得一口把年輕人吞下。

正在這時，遠處的路上走過來幾個人：一個拄杖的老者，一個手抱嬰兒的婦女。年輕人突然有了靈感，他高興地叫道：「我知道答案了！」

「好吧，我等著你說出來。」年輕人從容地答道：「是人。」

怪獸聽了萬分驚慌，惡狠狠地問道：「爲什麼？」

年輕人說：「在生命的早晨，人是一個嬌嫩的嬰兒，用四肢爬行；到了中午，也就是青壯年時期，他用兩隻腳走路；到了晚年，他是那樣老邁無力，以至於不得不借助拐杖的扶持，作爲他的第三隻腳。」

斯芬克斯聽了答案，大叫一聲，從懸崖上跳下去自殺了。

當你無法確定自己到底有沒有膽量去做某件事或者有沒有能力去做某件事的時候，最好的辦法就是：馬上就去做這件事！

行動不僅可以消除恐懼，行動還可以激發一個人潛在的智慧。

心態

成就未來的境界

艾力克，你把襪子釘在壁爐上烘乾合適嗎？有沒有比這更好的辦法呢？

快樂的油漆匠

比爾在一家汽車公司上班。很不幸，一次機器故障導致他的右眼受傷，不久這隻眼睛失明了。

比爾原本是一個十分樂觀的人，但現在卻成了一個沉默寡言的人。他害怕上街，因爲總是有人問他眼睛怎麼失明了。

比爾的休假一次次被延長，妻子苔絲負擔起了家庭所有的開支，而且還做了一份晚上的兼職。她很在乎這個家，她愛自己的丈夫，她想讓全家過得和以前一樣。苔絲相信，丈夫心中的陰影總會消除，那只是時間問題。

但糟糕的是，比爾另一隻眼睛的視力也受到了影響。在一個陽光燦爛的早晨，當比爾問妻子誰在院子裏踢球時，苔絲驚訝地看著丈夫，又看看正在踢球的兒子。以前，兒子即使到更遠的地方，他也能看得見。

苔絲什麼也沒有說，只是走近丈夫，輕輕地抱住他的頭。

比爾說：「親愛的，我知道以後會發生什麼。我已經意識到了。」苔絲的眼淚刷地流了下來。

其實，苔絲早就知道這種後果，只是她怕丈夫受不了打擊，才要求醫生不要告訴他實情。

沒想到，比爾知道自己要失明後，反而鎮靜多了，連苔絲也感到奇怪。

苔絲知道比爾能見到光明的日子已經不多，她想爲丈夫留下點什麼。她每天把自己和兒子打扮得漂漂亮亮，還經常去美容院。在比爾面前，不論心裏多麼悲傷，苔絲總是努力微笑。

幾個月後，比爾說：「苔絲，我發現你新買的套裙竟然變得那麼舊了！」

苔絲說：「是嗎？」

說完，苔絲奔到一個比爾看不到的角落，低聲哭了。她那件套裙的顏色在太陽底下是多麼絢麗奪目。

苔絲想，還能爲丈夫留下什麼呢？

第二天，苔絲請來了一個油漆匠，她想把家裏的家具和牆壁都粉刷一遍，讓比爾的心中永遠是一個新家。

油漆匠工作很認真，一邊幹活還一邊吹著口哨。粉刷了一個星期，他終於把所有的家具和牆壁都刷得面貌一新。

在這期間，油漆匠也知道了比爾的情況。他對比爾說：「對不起，我做得太慢了。不過，終於粉刷好了，我很高興。」

比爾說：「你天天那麼開心，我也為此感到高興。」

算工錢的時候，油漆匠少算了一百美元。比爾說：「你少算了工錢。」油漆匠說：「我已經多拿了。一個等待失明的人還那麼平靜——是你告訴了我什麼叫勇氣。」

但比爾卻堅持要多給油漆匠一百美元，比爾說：「我也知道了，原來殘疾人也可以自食其力，並且生活得如此快樂。」

——油漆匠只有一隻手。

人生最大的災難是心靈的災難，如果心靈堅強，沒有什麼能讓你流淚。

命運要是奪去了你一隻手，你就用另一隻手把生活擦亮；如果命運使你看不見別人微笑，那你就自己微笑！

熱忱的態度

一九〇七年，法蘭克．派特剛轉入職業棒球隊不久，就遭到有生以來最大的打擊，他被淘汰了。因爲他的動作遲緩，缺少殺傷力，因此球隊經理不得不勸他離開。經理對他說：「你這副有氣無力的樣子，哪像是在球場打了二十年的人？法蘭克，將來無論你到哪裏做事，若不提起精神，你將永遠不會有出路。」

法蘭克被辭退後，一位名叫丁尼．密亨的老隊員把他介紹到新凡。在那裏，法蘭克的月薪只有二十五美元，而過去他的月薪是一百七十五美元。不過，法蘭克並不氣餒，他決心在新凡有一個重要的人生轉變。在那個地方，沒有人知道他過去的情形，法蘭克默默發誓要成爲新英格蘭最具熱忱的球員。爲了實現這個願望，他果斷採取了行動。

法蘭克第一次上場，就好像全身帶電一樣。他強力地投出高速球，使接球的人雙手都麻木了。有一次，法蘭克以強烈的氣勢衝上三壘，那位三壘手嚇呆了，結果球被漏接，法蘭克盜壘成功。當時氣溫高達攝氏三十九度，法蘭克在球場上奔來跑去，在大家強烈的支持下，他挺住了。

這種熱忱所帶來的結果，眞令人吃驚。第二天早晨，法蘭克讀報的時候，簡直興奮極了。報上說：那位新加入的球員法蘭克，像是一個霹靂手，全隊的人受到他的影響，都充滿了活力。他們不但贏了，而且是本季最精采的一場球賽。

由於熱忱的態度，法蘭克的月薪由原來的二十五美元提高到一百八十五美元。

在往後的兩年裏，法蘭克一直擔任三壘手，月薪最終加到七百五十美元。爲什麼呢？法蘭克自己說：「因爲我擁有了熱忱，沒有別的原因。」

後來，法蘭克的手臂受了傷，不得不放棄打棒球。他來到菲特列人壽保險公司當推銷員。整整一年多，他沒有取得任何成績，因此很苦悶。後來，一個朋友對他說：「你爲什麼不像打棒球那樣做保險？」

一句話讓法蘭克如夢初醒，他將在新英格蘭打球的精神發揮出來，滿腔熱情投入工作，於是一切又發生了改變。

再後來，法蘭克成了人壽保險界的明星。不但有人請他撰稿，還有人請他演講，介紹自己的經驗。法蘭克說：「我從事推銷已經十五年了，我見到許多人，由於對工作抱著熱忱的態度，他們的收入成倍增加；我也見到另一些人，由於缺乏熱忱而走投無路。我深信，唯有熱忱的態度，才是成功最重要的因素。」

生活就是一場永遠不會結束的棒球賽。和棒球賽不同的是，在生活這場巨大的球賽中，不管你是否願意，你必須上場，必須承擔贏或者輸！

如果無法逃避，我們就勇敢面對。那麼，我們就選擇挑戰！

一切都可能改變

凱瑟整理舊物時，偶然翻出幾本過去的日記。日記本的紙張有些發黃了，字跡透著年少的稚嫩。她感到很有意思，就隨手拿起一本翻看。

「今天，老師公布了期末成績，我萬萬沒有想到，自己竟然只考了第五名。這是我入學以來第一次沒有考第一，我難過地哭了，晚飯也沒有吃。我要懲罰自己，永遠記住這一天，這是我一生最大的失敗和痛苦。」

看到這裏，凱瑟忍不住笑了。她已經記不得當時的情景，也難怪，離開學校後的十幾年，她經歷了太多的失敗與痛苦，哪一個不比當年沒有考第一更重大呢？

翻過這一頁，再繼續往下看。

「今天，我非常難過，我不知道媽媽爲什麼那樣做？她究竟是不是我的親媽媽？我眞想離開她，離開這個家。過幾天就要選擇大學了，我要申請其他州的大學，離家遠遠的，我走了以後發誓再不回來！」

看到這裏，凱瑟不禁有些驚訝，她努力回憶當年，媽媽做了什麼事讓自己那麼傷心難過，卻怎麼想也想不起來。又翻了幾頁，都是些現在看來根本不算什麼，可在當時卻感到「非常難過」、「非常痛苦」或是「非常難忘」的事情，凱瑟頓覺好笑。

凱瑟放下這本，又拿起另一本，翻開，只見扉頁上寫道：「獻給我最愛的人——你的愛，將伴我一生！我的愛，永遠不會改變！」

看了這一句，凱瑟的眼前模模糊糊地浮現出一個男孩的身影。曾經以爲他就是自己的全部生命，可是離開校門以後，他們就沒有再見面。凱瑟不知道他現在在哪裏，在做什麼；她只知道他的愛沒有伴自己一生，她的愛也早已改變。

凱瑟獨自笑了，她不知道究竟是笑自己的過去還是現在。

我們正在經歷的任何事情，無論它顯得多麼重要，在人生的長河裏，都不過是一朵小小的浪花。

知道了這一點，我們就應該向遠處看，別讓眼前的小事遮住了展望未來的目光，阻擋了勇往直前的步伐。

一切都可能改變，無論好事或者壞事。一切都要過去，明天的太陽還會升起。

所以，不要狂笑，也不要哭泣。

三個3的故事

一個星期五的晚上，龍捲風橫掃了多倫多北部城市巴里。這場災難造成了許多人死亡，數百萬美元的財產被毀。

當天晚上，泰姆卜萊頓正好經過這裏，他是一個在安大略省和魁北克省擁有許多家電臺的泰利米迪亞通訊技術公司的副總裁，他認爲必須利用電臺爲這些遭受苦難的人提供幫助。

泰姆卜萊頓把泰利米迪亞的所有行政人員都召進他的辦公室。在一張活動掛圖的頂部，他寫了三個「3」。他對那些行政人員說：「從現在開始，你們願意在3天之內抽出3個小時，爲巴里的災民籌集三百萬美元嗎？」房間裏頓時鴉雀無聲。

終於，有一個說：「泰姆卜萊頓，你瘋了嗎？我們無論如何也做不到的！」

泰姆卜萊頓說：「等一下。我沒有問你們是否能夠做到，或者是否應該，而是問你們是否願意。」

他們都說：「我們當然願意。」

聽了這個回答，泰姆卜萊頓就在那三個「3」的下面畫了一個大大的T。他在T的一邊寫下：「我們爲什麼做不到？」然後又在T的另一邊寫：「我們如何去做到？」

「我要在『我們爲什麼做不到』這一邊畫上一個『×』。我們不用浪費時間去考慮我們爲什麼做不到，那沒有任何價值。我們要在T的這一邊把『我們如何去做到』這件事的每一種方法都寫下來。除非我們想出了解決這個問題的辦法，否則我們就不離開這個房間。」

房間裏沉寂下來。

終於有人說：「我們可以在加拿大全境用無線電臺播放一個專題節目。」

泰姆卜萊頓說：「這是一個好主意。」然後就把它寫了下來。他還沒有寫完，又有人說：「我們不可能在加拿大全境播放一個專題節目，因爲我們的電臺頻率沒有那麼大的覆蓋率。」他說得非常對，這確實是一個客觀存在的問題。他們只在安大略省和魁北克省擁有電臺。

泰姆卜萊頓回答說：「那不是『我們如何去做到』的主題。我們先暫時把它放在這裏。」不過，因爲各個電臺之間通常並不能夠協調一致，甚至互相攻擊，所以這確實是一個很大的障礙。

突然，有一個人說：「我們可以讓加拿大廣播公司最有名氣的人物柯克和羅賓遜來主持這個專題節目。」這眞是一個具有創造力的建議。

三天後，泰姆卜萊頓和他的同事們成功聯絡了多家電臺，並策劃了一個多家電臺聯合廣播的行動。在全加拿大，共有五十家電臺同意參與這個專題節目的聯合廣播，而且，果然是柯克和羅賓遜主持這個節目。他們終於成功地籌集到了三百萬美元！

一旦確立了一個目標，如果你把精力全部集中於「怎樣去做到」而不是「為什麼做不到」，情形就會完全不同——你就能攻無不克，戰無不勝。只要我們「願意」，一切都能做到。

道白者傑西

讓傑西永遠也忘不了的，是她上三年級時發生的一件事。

學校在排演一個歌劇，傑西被選中扮演劇中的公主。接連幾周，母親都煞費苦心地跟她一道練習臺詞。可是，無論她在家裏表達得多麼自如，一站到舞臺上，頭腦裏的詞句全都無影無蹤。爲此，傑西感到非常苦悶。

最後，老師只好把傑西替換下來，爲了安慰她，又專門爲這齣戲補寫了一個道白者的角色由傑西表演。儘管如此，傑西還是感到被深深地傷害了。

那天回家吃午飯時，傑西沒有把發生的事情告訴母親。然而，母親卻覺察到了她的不安，所以就沒有再提議練臺詞，而是問她是否想到院子裏散散步。

那是一個明媚的春日，棚架上的薔薇藤泛出亮麗的新綠。母親來到院角幾棵蒲公英前，彎下腰對傑西說：「我們把這些蒲公英統統拔掉吧，你看，它們在這裏似乎很不協調。」說著，就準備用力將它們連根拔起。「除掉它們，咱們這庭園裏就只有美麗的薔薇了。」

「可是，我很喜歡蒲公英，」傑西抗議道，「所有的花兒都是美麗的，哪怕是蒲公英！」

母親表情嚴肅地打量著傑西。「對呀，每一朵花兒都以自己的丰姿給人愉悅，不是嗎？」她若有所思地說。

傑西點點頭，很高興自己說服了母親。

「對人來說，也是如此，」母親又補充道，「不可能人人都當公主，但那並不值得羞愧。」

傑西想，母親一定猜到了自己的痛苦。她一邊告訴母親發生了什麼事，一邊失聲痛哭起來。

母親聽後釋然一笑。

「你將成爲一個出色的道白者，」母親說，「對於一齣戲來說，道白者的角色跟公主的角色一樣重要，就像蒲公英和薔薇花，它們是一樣可愛的。」

於是，傑西愉快地擔當起道白者的角色，不再因爲演不了公主而傷心了。

結果，所有的觀眾都被傑西的道白感動了，人們不僅記住了她的聲音，也記住了她的名字，從此以後，老師和同學們都叫她「美麗的道白者傑西」。

世上有許多事等待我們去做，有大事，也有小事。只要對成功有益的事，我們就要努力去完成。

假如做不了太陽，那就做一顆星星吧！但要盡量使自己明亮；假如不能成為一棵大樹，那就做一棵小樹吧！但要努力使自己茁壯。不可能每個人都當船長，必須有人來當水手，問題不在於你幹什麼，重要的是，你能不能做一個最好的你。

假如明天不再來臨

瑪麗從前是一個謹小慎微，循規蹈矩的人，她習慣於用保守的目光審視生活中的一切，在安排所有事情的時候，都留有餘地，以備將來。

可是，自從參加了一個好友的喪禮之後，瑪麗幾乎完全改變了生活的信念。就在那天晚上，瑪麗省察了自己全部的生活，她發了個誓，不要學「鐵達尼」號上的那個女人，在大船下沉生死未卜時，才苦惱地哭泣說：「早知道這樣，我就把那甜餅、巧克力、乳酪痛快地吃個夠。」

瑪麗先從那個放滿了舊褲襪的抽屜動手，把那些穿不了而且一看就討厭的舊東西統統扔進垃圾箱。

把放在門廳那支積滿了灰塵的玫瑰形大蠟燭點燃燒掉。

還有車窗——有一條五釐米長裂縫的車窗，原來一直要等賣車的時候再修好，現在已經修好了。

瑪麗還請蘇茜和艾米到家裏吃了一頓飯。她們曾在十六次宴會上見過面，每次都說「我們該聚一聚」，可是五年過去了，卻一直「沒有時間」見面。

還有那一大罐橄欖菜也被開了封，因爲家裏只有瑪麗一個人愛吃，以前總是捨不得開，怕吃不完浪費。

瑪麗拿出一塊貝殼形粉紅色的肥皂洗手，丈夫對她說：「我以爲你會把它留起來，原來你說，一弄濕它就不像貝殼了。」

瑪麗低頭看了看一手的肥皂泡，說：「貝殼只是容納生命的，現在我給它一個機會變得更有價值。」

瑪麗決定去銀行提出全部存款，然後到非洲做一次長途旅行；她想去藝術學校報名學芭蕾舞，因爲這是她多年的夙願；她想把假花通通扔掉，然後種一片青蔥的蔓藤和花草；她還準備把一塊塊小地毯收起來，讓赤裸的腳想踩在哪裏就踩在哪裏。

瑪麗說，她已經開始重新認識生活，她要把每個日子當做一生中最後的一天。

把每個日子都當做生命的最後一天，我們就不會浪費時光，就不會計較分毫得失，就不會為了虛榮枉費心機，就不會口口聲聲說：等過些時候……

如果生命還只剩一天，假如明天不再來臨，我們還會像原來那樣安排我們的生活嗎？

打好你的每一張牌

艾森豪是美國第三十四任總統，他年輕時經常和家人一起玩紙牌遊戲。

一天晚飯後，艾森豪像往常一樣和家人打牌。這一次，他的運氣特別不好，每次抓到的都是很差的牌。開始他只是有些抱怨，後來，他實在是忍無可忍，便發起了少爺脾氣。

坐在一旁的母親看著兒子的表現，正色道：「既然要打牌，你就必須用手中的牌打下去，不管牌是好是壞。好運氣是不可能都讓你碰上的！」

艾森豪聽不進去，依然憤憤不平。於是母親又說：「人生就和打牌一樣，發牌的是上帝。不管你手中的牌是好是壞，你都必須拿著，你都必須面對。你能做的，就是讓浮躁的心平靜下來，然後認眞對待，把自己的牌打好，力爭達到最好的效果。這樣打牌，這樣對待人生才有意義！」

艾森豪此後一直牢記母親的話，並激勵自己去積極進取。就這樣，他一步一個腳印地向前邁進，成爲中校、盟軍統帥，最後登上了美國總統之位。

印度前總統尼赫魯曾經說過這樣一句話：「生活就像是玩撲克，發到什麼樣的牌是注定的，但贏輸卻取決於你的打法，而你的打法最後取決於自己的意志和智慧。」

雖然牌是上帝發的，但有一點值得欣慰：它們由我們來打。

牌不會永遠壞下去，但心態必須永遠都好，否則，一手好牌也會被糟糕的心情打得一塌糊塗。

瑪利·韋伯的生活

女作家瑪利·韋伯說：「不論你愛做什麼都可以，但是，你一定要像對待一件藝術品一樣努力把它做得完美無缺。」

至於這位女作家自己，她喜歡兩樣事情：一是大自然，一是文學。她那並不寬敞的園圃內，四季開滿了可愛的花卉，她晨昏守望在花徑上，內心充滿了不可言喻的喜悅。

爲了使人分享到她園中的花香，瑪利·韋伯常在黎明即起，將一些帶露的花朵剪下來，放置在挑筐裏，再擔到城中去叫賣，往往在午前才能回到家中。

有時在去城裏的途中遇到下雨，回來時滿身都濕淋淋的，但瑪利·韋伯並不在意，一邊用毛巾拭著她頭上的雨水和汗珠，一邊笑著對家人說：「我已經完成了一件美的工作！」

然後，瑪利．韋伯走到她的書桌邊，展開紙，拿起筆，開始心愛的寫作。才寫了沒有幾行，看著天已將午，她便又匆匆地趕到廚房，將麵粉調好，做成餅子，放在火上焙烤。隨即，擦擦手上的麵粉，又拿起她的筆來。

當瑪利．韋伯文思潮湧，寫得正起勁的時候，一陣陣的焦味就從廚房裏飄了進來。她望著身邊的丈夫，帶著幾分歉意地笑笑，趕緊跑到爐邊。丈夫極其體貼，餅子即使烤焦了，他也仍然覺得好吃，因為他深深地了解他年輕的妻子，知道她愛自然，愛文學，同時，更愛他。為了她這種種的「愛」，做丈夫的便輕易地原諒了她——那個可愛的妻子兼愚笨的廚娘。

瑪利．韋伯在那樣艱苦的環境下，卻能生活得那樣快樂，完全是由於她的心態與別人不同。窮困到步行數十里到城中去賣花時，繁忙到寫幾行文稿就要到廚房裏去翻看麵餅時，她的內心仍不怨不尤，她只說：「我已經完成了一件美的工作！」她只向丈夫露出略帶歉意的甜美的笑容。

瑪利．韋伯懂得生活，了解生活的藝術，傾心於美的、崇高的、有意義的事物與工作，最後，她生活的本身就變成了藝術！破陋的屋子、粗劣的飲食，有什麼關係呢？不合時的舊衣裳、繁累的勞作，又有什麼關係呢？什麼能阻攔

住一顆純眞而質樸的心靈，傾注於崇高的美的境界，如同雲遊鳥逍遙地飛向高空？

用我們的心緊緊貼住生活，用我們的手指撫摸每一寸時光，我們會發現，光彩奪目的日子原來如此絢麗。

生活看起來是很粗糙的，但其實並非如此。一隻破碗就能敲出一個音符，一段樹枝便能畫出一幅圖畫，人生為何不能成為詩篇？

暢遊華盛頓

哥本哈根大學有一名學生叫喬治，有一次他獨自到美國旅遊。他先到華盛頓，下榻在威勒飯店。

喬治的上衣口袋放著到芝加哥的機票，褲袋中的錢包裏放著護照和現金。然而，當他準備睡覺時，卻發現錢包不翼而飛，於是他立刻下樓告訴旅館的經理。

第二天早上，喬治的錢包仍然不見蹤影。隻身異鄉，他立刻手足無措。打電話向芝加哥的朋友求援？到丹麥使館報告護照遺失？還是呆坐在警察局裏等待消息？

經過一陣思索之後，喬治作出決定：我要看看華盛頓，我可能沒有機會再來了，今天的時光非常寶貴。畢竟，我還有晚上飛往芝加哥的機票，還有很多

時間處理錢和護照的問題。如果我現在坐在賓館發愁，時間流逝了，我可能什麼也改變不了。

喬治想：「我可以徒步進行遊覽，我還是我，和丟掉錢包之前並沒有兩樣。來到美國，我應該快樂起來，不能把時間浪費在丟失錢包的沮喪之中。」

兩天之後，華盛頓警局找到了喬治的錢包和護照，並順利地還給了他。

回到丹麥之後，人們問起美國之行，喬治覺得最難忘懷的就是徒步漫遊華盛頓的時光。他參觀了白宮和國家博物館，觀看了華盛頓紀念碑……原來這座城市竟然如此漂亮，但在他預定的旅遊計畫中，並沒有這一項。

如果你失去了太陽，你還有機會看見月亮；如果你失去了月亮，你更容易看見滿天繁星；如果星星也沒有，你可以享受寧靜的夜空。

失去了預料的美好，我們會得到意外的驚喜！生活絕不會辜負我們，只要我們不對它灰心失望。

拿破崙·希爾的格言

拿破崙·希爾曾經聘用了一位年輕的小姐當助手，替他整理資料、拆閱郵件，同時也負責回覆商務信函。

有一天，拿破崙·希爾口述了下面這句格言，並要求助手用打字機把它記錄下來：「記住：你唯一的限制就是你自己腦海中所設立的那個限制。」

她的內心突然劃過一道亮光：「這句話很有價值，我要記住它！」原來她總覺得自己只是一個助手，她的工作就是完成上司交付的任務。但現在，她試圖改變這種既定的工作模式。

從那天起，拿破崙·希爾發現，他的助手在發生變化。她開始在晚餐後回到辦公室，主動從事不屬於她而且也沒有報酬的工作。她主動把寫好的回信送到拿破崙·希爾的辦公桌，這些信寫得跟拿破崙·希爾口述的一樣好，有時甚至更好。

有時，她會委婉地向拿破崙·希爾提一些建議，儘管這種建議是應該由更高層次的職員來提出。有時她還會幫拿破崙·希爾撰寫個人文稿，她竟然寫得比他的秘書更出色。

她一直保持著這個職位和習慣，直到拿破崙·希爾的一個重要屬下辭職爲止。拿破崙·希爾開始找人來塡補這個空缺時，很自然地想到了她。

此後，她的職位得到提升，拿破崙·希爾也多次提高她的薪水。而這一切的實現，只是源於一句不經意的話。

你現在的地位和處境，不是任何其他人強加於你的，是你自己為自己設定的——在你的意識中，你覺得自己就是這樣！

如果你不滿意你的現在，你就要改變這個設定，然後為這個改變付諸行動。

一句話，可以改變你的觀念，但無數個行動，才能最後改變你的命運。

路上的石頭

有一個非常聰明的國王，他懂得如何教化自己的臣民，非常注重培養人民的勤勉與善心。

國王常說：「如果每個人只抱怨或者期待他人幫自己解決問題，那麼好事就不會降臨這個國家，上帝只賜福給那些將命運掌握在自己手裏的人。」

一天，國王把一塊大石頭悄悄放在通往皇宮的路中間，然後躲在一邊觀察會發生什麼事情。

首先，迎面來了一個農夫，馬車上載滿了穀物。「是誰這麼粗心大意？」他邊說邊把馬車轉向，繞過石頭，「爲什麼這些懶人不把石頭移走？」儘管他不斷地抱怨其他人的懶惰，卻碰都沒碰一下那塊石頭。

過了一會兒，一位年輕的士兵唱著歌走了過來。他心中還想著自己在戰場

上的殺敵的情景，直到石頭差點兒將他絆倒。士兵生氣地舉起長劍，咆哮著責罵亂放石頭的人，但他並沒有把石頭移走，而是憤怒地跨過石頭離開了。

幾天過去了，許多人從此經過，卻沒有人動一動這塊石頭。

直到一天晚上，一個貧窮的年輕人經過這裏。他看到了這塊石頭，自言自語說：「這麼黑的天，如果有人經過這裏，會被石頭絆倒的，我應該把它挪開。」

年輕人開始搬石頭，石頭很大，他又非常勞累，移動起來很艱難，但是他最終還是將石頭移到了路的旁邊。讓他驚訝的是，石頭移開之後，下面竟然有一個大坑，坑裏放著一個盒子，上面寫著一句話：送給挪開石頭的人。年輕人打開盒蓋，裏面竟然裝滿了金幣！

當農夫、士兵以及其他人聽到這個消息後，馬上聚集到曾經放石頭的地方，他們開始在附近仔細尋找，希望也能發現一枚金幣，但他們全都失望了。

國王對他們說：「我們經常會遇到各種義務和責任，如果選擇繞過，就會失去成功的機會，逃避的代價往往是懊惱和失望。」

即使看起來與我們無關的事情，我們也不要置若罔聞。對生活的冷漠，會讓我們失去很多良機。

網球告訴你的人生哲學

◎球伴的技術越好，你贏的可能性就越大。

◎Love（愛）是網球計分中「零」的意思——成功從「愛」開始。

◎不管你球技多棒，一定有人比你更棒，因此，別驕傲。

◎不管你球技多差，一定有人比你更差，因此，別洩氣。

◎你有時贏，有時輸，贏球的感覺比較好，但輸球可以讓你更加清醒。

◎別相信任何一個說他打球的目的不是爲了贏的人。

◎一個人不能進行。

◎球賽規則很荒謬——比如它的計分用love，15，30，40。但如果你要玩，就得遵守這些規則。

◎早起的人才能佔到球場。

◎你既鬥不過天氣，也鬥不過年齡，因此面對不能控制的事，要處之泰然。

◎風吹歪了你的球，也吹歪對手的球，別找藉口。

◎抱怨、發火都不能改變既有的事實和得分。

◎做一個好的球伴比找一個好的球伴更重要。

◎輸球後，不管你感覺多窩囊，都別忘了和對方握個手，笑一下。

◎要清楚地知道球場的邊緣在哪裏。

◎別小氣，開一罐自己的新球。

◎運氣當然重要，但運氣只能幫你贏一分，不能贏一場。

◎要贏球，就得面對你的對手，無論你多麼不願意。

◎有時盡了最大的努力還是不能贏球。

◎比賽要麼贏，要麼輸，沒有平手。

◎球打完後就要下場，沒有人能永遠佔著球場。

◎緊要關頭，先吸口氣，慢下來，再決定下個球怎麼打。

◎多集中注意力，少開口，球會打得比較好。

◎準備動作很重要。

◎攻擊是最好的防守，洞察先機比全憑反應效果要好。

◎在贏的時候別改變打法。

◎在落後的時候要有耐心，別犯不必要的錯誤。

◎今天誰輸誰贏，明天太陽照樣從東方升起。永遠記住，這只是一場遊戲而已。

◎會用力氣沒有比會用控制力氣好。

◎爲了贏球而失掉朋友很不值得。

指導生活並不需要很多真理，記住這些話，一生就夠了。

關鍵是，要履行這些話，可能比打好一場網球更艱難。

最好的玉米

奧比太太在她的屋子後面種了一大片玉米。經過幾個月的辛苦勞作，眼看就到了收穫的季節。

一根顆粒飽滿、裹著幾層綠色外衣的玉米高興地說：「收穫的那一天，主人肯定首先摘下我，因爲我是今年長得最好的玉米！」周圍的玉米聽了，也都隨聲表示讚賞。

收穫開始了，奧比太太仔細看了看那根最好的玉米，但她卻沒有把它首先摘走。

「她的眼力可能不太好，沒注意到我。明天，對，明天她一定會把我摘走的！」那根最好的玉米自我安慰地想。

第二天，奧比太太又哼著快樂的歌，收走了其他的玉米，可是，這根看起

來確實很漂亮的玉米，仍然長在那裏。

「明天，老婆婆一定會把我摘走的，一定會！」最好的玉米仍然對自己充滿信心。

第三天，第四天，第五天……奧比太太又摘走了好多的玉米，她每次走到這根最好的玉米跟前，總是伸手摸摸它，卻沒有摘掉它。

地裏幾乎沒剩下多少玉米了，過了好多天，奧比太太都沒有來過玉米地，最好的玉米被摘走的希望越來越渺茫了。

一個漆黑的雨夜，最好的玉米才沮喪地自言自語道：「我總以爲自己是今年最好的玉米，結果奧比太太根本都看不上我。白天，我要頂著烈日，原來鮮嫩飽滿而又排列整齊的顆粒，如今變得乾癟堅硬；夜晚，我要和風雨作鬥爭，還要抗拒蚊蟲的騷擾。也許奧比太太眞的不需要我了，也許我並不是最好的玉米！」

不知不覺，黑夜過去了，清晨柔和的陽光照在這根玉米的臉上。當它抬起頭，憂傷地睜開眼睛時，一下就看到了站在面前的奧比太太。

奧比太太用溫柔的目光看著它，輕聲地說道：「這可是今年最好的玉米，它的種子一定會讓明年的收成比今年更好！」

這時，最好的玉米才明白，奧比太太不摘走它，是因爲它可以做明年的種子，是因爲它的確比別的玉米品質更優良。

奧比太太戀戀不捨地把這根玉米撫摸了好一會兒，然後輕輕地摘下它，放進手中的籃子裏。

人生總會遇到得意和失意，只有寵辱不驚，才會進退有度，才能夠保持寧靜的平常心。生活是自己的，不要在別人的評價中，尋找生命的價値。

當沒有人欣賞你的時候，就自己為自己鼓掌。

走進星星的世界

一位新婚不久的美國軍官接到上級命令，要他火速奔赴一處接近沙漠邊緣的基地。

妻子爲了能和愛人在一起，執意要陪丈夫一同前去，他們在駐地附近的土著部落找了一座木屋安頓下來。

沙漠的夏天酷熱難耐，更糟的是，當地人都不懂英語，連日常的溝通交流都有問題。

過了幾個月，妻子實在無法忍受這樣的生活，於是寫信給她的母親，訴說生活的種種艱苦。她說她要準備回家，回到繁華的都市中來。

妻子的母親馬上回了封信，她說：「有兩個囚犯，他們住在同一間牢房，從同一個窗子朝外看，一個看到黑暗的圍牆，另一個則看到星星。」

妻子並不是眞的想離開丈夫，只是想和母親發發牢騷罷了。接到母親的信後，她便對自己說：「好吧，讓我去把那些星星找出來。」

從此，妻子改變了生活方式，積極地走進當地人的生活裏，學習他們的編織和燒陶技術，並迷上了少數民族的部落文化。她還認眞地研讀許多天文書籍，並運用沙漠地帶的天然優勢觀察星星。幾年後，她居然出版了幾本關於天體運動的書籍，成了星象天文方面的專家。

「要走進星星的世界。」妻子常常在心底這樣跟自己說，如果不是母親的告誡，她至今看到的還只是沙漠。

從某種程度上說，生活的全部目的無非就是：從荊棘中看見花朵，從雷電中看見閃光，從沙漠裏看見星星。

否則，我們就只能看見刺，看見烏雲，看見荒涼——這樣的生活還有什麼意義？

自律

遏制欲望的力量

貪欲首先會讓人失去理智，然後又失去自尊。

中獎的別克轎車

第二次世界大戰前，奧里弗家是美國西部某小城唯一沒有汽車的人家。他們每天上街買東西，總是坐一輛簡陋的二輪馬車，拉車的是一匹老馬。

奧里弗的父親是個小職員，整天在證券交易所「囚籠」一樣的辦公室裏工作。假如父親不把一半工資用於醫藥費或給他的窮苦親戚們，那麼，奧里弗家的日子還勉強過得去。事實上，他們是很窮的人家。

母親常常安慰孩子們說：「一個人有骨氣，就等於有了一大筆財富。生活中懷著一線希望，也就等於有一大筆精神財富。」

奧里弗挖苦地反駁說：「我們只有精神財富，但精神財富並不能幫我們買一輛汽車。」

母親並不在意孩子們說了什麼，她在生活中處處力求儉樸，在她的悉心料

理下，生活還是維持下來了。

一件意外的事情把奧里弗因家中沒有汽車的羞愧之情一掃而光，激動人心的時刻突然降臨了。

幾星期後，一輛嶄新的別克牌汽車在小城那家最大的百貨商店櫥窗裏展出，這輛車將在節日之夜以抽獎的方式饋贈給得獎者。奧里弗待在人群外面的黑影裏，觀看開獎前放的焰火，等候著高潮到來。用旗幟裝飾一新的別克汽車停放在一個專門的臺子上，在十幾隻聚光燈的照耀下，光彩奪目。人們鴉雀無聲地等待市長開啓那只裝有獲獎彩票的玻璃瓶。

不管奧里弗是多麼想入非非，但他眞的沒有想到幸福女神會厚待他們這個唯一沒有汽車的人家。擴音器裏確實在大聲叫著他父親的名字！奧里弗拼命在人群中往裏擠，他看見市長親自把汽車的鑰匙交給了他的父親，父親在人們的歡呼聲中把汽車緩緩地開了出來。

回到家裏，奧里弗正想向父親道賀，不料，父親反常的態度卻使他大爲吃驚。他咆哮道：「走開，不要待在這裏，讓我清靜清靜！」

奧里弗在起居室裏見到母親，看到他悲傷的樣子，母親說：「不要煩惱，你父親正思考一個道德問題，我們等待他找到適當的答案吧！」

「難道我們中彩得到汽車是不道德的嗎？誰說的？」奧里弗迷惑不解地問。

「汽車根本不屬於我們，這就是問題的關鍵。」母親說。

母親把事情一五一十跟奧里弗講了。當初，吉米對奧里弗的父親說，他買彩券的時候是否可以給自己代買一張，父親同意了，但過後吉米再也沒有想起過這件事。奧里弗的父親就用自己的錢以自己的名義買了兩張彩票，並在一張上——正是中獎的那一張——做了一個小小的記號，表示那是吉米的。

其實，吉米是一個百萬富翁，擁有幾部汽車，還有兩個司機。對他來說，增加一輛汽車簡直等於普通人的馬具裏多一個馬嚼子。

奧里弗激動地說：「汽車應該歸我爸爸。」

但母親卻平靜地說：「你爸爸知道該怎麼做是正確的。」

第二天上午，吉米的一個司機來到奧里弗家，把別克牌汽車開走了。奧里弗與父親和母親站在門口，微笑地望著客人離開。

一個人的高尚與卑微，不是由別人的評價來決定，而是由自我的評價決定的；一個人真正的品性不顯現在眾人矚目的時候，而是在沒有人看得見的時候。

仰視的理由

米德剛剛升入中學時，正是把友誼看得比什麼都重要的年紀。可偏偏他長得太引人注目了：他的個子太高了，要比身邊所有的同齡人都高得多。身高常常讓他倍感孤獨，畢竟，有誰願意一直仰著頭和朋友說話呢？

爲了不讓同學們過於注意他的身高，甚至爲了不讓有些人取笑他是「傻大個兒」，米德加入了羅克斯的小幫派，他們的目標與樂趣，就是盡可能地給隊伍以外的所有人都安上搞笑的綽號。

爲了能在隊伍中顯得「出色」，米德甚至給別人起過一些侮辱性的綽號。起初，那些同學仰起臉來狠狠地瞪他，他們的目光就像鞭子一樣抽在他的心上。但在死黨們的吹捧和讚揚下，他漸漸麻木，甚至洋洋得意起來，直到有一天他當面侮辱了班傑明。

這個小個子男生連看都沒有看他一眼，冷笑著從他身邊走過。米德聽見班傑明說了這樣一句話：「因爲鄙視你，所以我懶得抬頭。」米德惱羞成怒地剛想轉身咒罵他，卻看見了站在不遠處的父親，他的臉一下子變得煞白。

父親對米德的管教一直非常嚴格，從小就教育他，要像對待自己的兄弟姐妹一樣與夥伴們眞誠友善地相處。米德以爲父親會狠狠地教訓他，然而，父親卻只是走到他面前，十分嚴肅地對他說了兩句話，說完便拍拍他的肩膀走了。

米德一直呆呆地站在原地，好久才發現自己哭了。

第二天，米德非常堅決地退出羅克斯幫派，他不在乎那些不解與嘲弄，他眞誠地向自己過去傷害過的每一個人道歉，包括父親。米德申請加入了校籃球隊，一年後，當上了隊長。

光陰荏苒，很多年過去了，米德一直都是非常高的個子。從當初那個青澀的男孩到現在略顯啤酒肚的大叔，他永遠要比同齡人高出許多。但個子不是問題，米德的朋友們很喜歡和他在一起，他們常常仰起臉來對他露出會心的微笑。米德的兒子個子也很高，當這個小傢伙開始爲自己的高個子煩惱時，米德就會一遍又一遍地告訴他兩句話，也就是父親當年對他說的那兩句話：「你只有尊重人，才會得到別人的尊重。既然大家都要仰起頭和你說話，請你給他們一個仰視你的理由。」

有的人很高，別人不得不把頭仰起來和他說話；有的人很矮，但別人會把心仰起來和他說話。如果要人仰視，一定要讓他們仰視得心悅誠服。

鮑勃闖了一次紅燈

一個夜晚，天下著大雪。德國人鮑勃抱著僥倖心理駕車闖了紅燈，結果被一個睡不著覺的老太太發現了。

沒隔幾天，保險公司的電話就到了：「你的保費從明天開始增加百分之一。」

「爲什麼?」鮑勃大惑不解。

「我們剛剛接到交通部門的通知，說你闖過紅燈。根據我們的經驗，這種人很危險，所以我們必須提高你的保費。」

鮑勃心想，如果這樣我就退保，投保另一家保險公司。但當他找到別的保險公司時，那家公司也提出同樣的要求——他的保費必須比別人多百分之一。

原來，全德國的保險公司通過網路都知道他有一次闖紅燈的不良紀錄，所以任何一家保險公司都會這樣做。

沒過多久，鮑勃的太太問他：「老公，銀行突然通知我們購房分期付款從十五年改成十年，到底發生了什麼事？」

鮑勃打電話去質問原因，對方客氣地答道：「實在對不起，因爲你前幾天闖過紅燈。」

太太生氣地說：「啊！闖紅燈？我們家已經沒有錢了，還發生這種事情，你自己想辦法吧！」

不久，鮑勃的兒子從學校回來對他說：「爸爸，老師要我把學費用現金送過去，不能再通過支票分期預付了。」

當兒子得知這一切都是因爲爸爸闖紅燈造成的時，感到不可思議：「啊，爸爸你闖紅燈！難怪同學們都笑我，下禮拜我不想去學校了，眞丟臉！」

不幸的是，鮑勃的上司也找他談話了，要求他更換一個工作，因爲原來的工作需要很高的責任心。雖然鮑勃過去一直幹得很好，但現在他必須讓位給其他人——沒有人相信他會始終兢兢業業。

這個德國人最終陷入了困境，只是因爲他闖了一次紅燈。

一個不能約束自己的人是非常可怕的。如果你有一次違背規則，別人就有十足的理由認定，你還會再一次違背規則，況且，誰知道你下一次會做出什麼更嚴重的事情？

和一個不能自律的人在一起，就像和一匹狼、一隻虎在一起同樣危險。一個人失去自律，就會失去誠信，失去責任，失去規則。

父愛的磨練

在美國，有這樣一個年輕人，他是個大學生，每逢學校過禮拜或放假，他都得趕到父親開設的工廠去上班。他用打工的工資去償還父母為他墊付的學費和伙食開支。在工廠，他跟其他工人一樣，排隊打卡上下班，月底就憑記工卡和工作量結算工資。有一次，他因候車晚點而遲到了兩分鐘，那個月的獎金就被扣除一半。

終於熬到了大學畢業，他以為自己可以接管父親的公司了，可父親不但不讓他接管公司，而且對他的工作更加苛刻。他想不明白，作為一家公司的董事長，家裏並不缺錢，並且還經常捐款支持福利事業，可是父親為什麼卻捨不得多給他一分錢。他終於被父親逼出了家門，他恨恨地想，他肯定不是自己的親生父親。

這個年輕人想去銀行貸款做生意，可父親堅決不爲他擔保，於是他只得去給別人打工。打工期間，因爲複雜的人際關係，他被人擠出了公司。失業後，他將打工積累的一點資金用來開了一家小店。小店的生意不錯，不久他自己開了一家小公司，小公司慢慢地變成了大公司。

令這個年輕人萬分心痛的是，公司因爲經營不善最後倒閉了。但他沒有灰心喪氣，決心咬緊牙關、挺起胸膛從頭再來。就在他振作精神準備再幹一番事業的時候，父親出人意料地找到了他，並決定讓他來經營家族的公司。父親說：「孩子，你雖然跟幾年前一樣，依然沒有金錢，但你擁有了一段可貴的經歷，這段經歷對你來說是一場苦難的磨練，擁有了這段經歷，你就會珍惜自己的公司，而且會把它管好。」

這個年輕人果然不負期望，將一家規模不大的公司發展成了今天全球矚目的星級公司，他就是伯克希爾公司總裁，有著「美國股神」稱號的沃倫·巴菲特。

受父親的影響，沃倫·巴菲特一生節儉，謹慎從事。他經常穿著舊西服，錢包是舊的，汽車也是舊的，甚至他住的房子也是舊的。他現在擁有三百五十多億美元的資產，是個眞正的富翁，數十年來，他從不向銀行借貸，負債幾乎爲零。

沃倫．巴菲特的父親是世界上最好的父親，看起來他是在嚴格考驗兒子，實際上是在嚴格考驗自己。

一個愛兒子的父親，如果讓自己的愛失去原則，那就是對神聖父愛的褻瀆，就是對愛的不負責。愛也是需要約束的，否則它會成為毒藥。

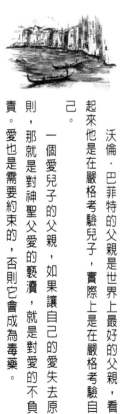

放掉這條鱸魚

十一歲那年，比爾隨父親到新罕布夏湖度假。那裏景色迷人，是絕佳的垂釣勝地。

在鱸魚節到來的那一天，比爾和父親早早吃過晚飯，就扛著釣竿趕往湖邊。在這裏，鱸魚非常珍貴，但只有在一年一度的鱸魚節，人們才可以釣鱸魚。

比爾跟父親在傍晚時開始放線，魚餌劃破水面，在夕陽照射下，水面泛起一圈圈漣漪。隨著月亮在湖面升起，漣漪化作粼粼銀光。

比爾靜靜地坐在湖邊等著。當漁竿彎折成弧形時，他知道一定有大傢伙上鉤了。父親向他投來讚賞的目光，看著兒子怎樣釣起那條大魚。

終於，比爾小心翼翼把筋疲力竭的魚拖出水面。那是一條他從未見過的鱸魚！

趁著月色，父子倆望著那條神氣漂亮的大鱸魚。它的腮不斷張合，比爾的雙眼也興奮地一眨一眨。父親看著手錶，是晚上十點——離鱸魚節到來的時間還有兩個小時。

「孩子，恭喜你！但你必須把這條魚放掉。」父親說。

「爲什麼？」比爾很不情願地嚷起來。

「現在還不是鱸魚節，放掉它，你還會釣起別的魚。」

「但不會有這麼大，況且這是鱸魚呀！」比爾繼續叫道。

比爾朝湖的四周看看，月光下沒有漁舟，附近也沒有釣客。他再次懇求地望著父親。

父親沉默了一會兒，說：「雖然沒有人見到我們，也不可能有人知道這鱸魚是什麼時候釣到的。但是我們自己知道，我們不能做自己知道是不對的事情。放掉吧，聽我的話，沒有什麼比這更重要！」

比爾很不情願，但從父親斬釘截鐵的口氣中知道，這個決定絲毫沒有商量的餘地。他只好慢吞吞地從鱸魚的唇上取下魚鉤，把魚放進水中。

那條魚擺動著強勁有力的身子游走了。比爾心想：我這輩子休想再見到這麼大的鱸魚了。

那是三十四年前的事，今天，比爾已成爲一名卓有成就的建築師。果然不出所料，那次以後，他再也沒釣到過那個晚上那麼棒的大魚了。可是，這條大魚卻一再在他的眼前閃現。每當遇到道德課題的時候，他就看見了這條魚。

兩個小時，一條鱸魚，一個孩子，一個夜晚……不能再平凡的一件小事。

對一般人來說，兩個小時可以忽略，一條鱸魚可以忽略，一個孩子可以忽略，一個夜晚可以忽略……然而，對一個父親來說，此時此刻，如果他忽略了這一切，就等於忽略了孩子未來的一生。

副總統不是總統

美國前總統喬治．布希是個原則性很強的人，他在工作中始終堅持「一就是一，二就是二」。比如，他認為空軍一號就是空軍一號，空軍二號就是空軍二號，「只有總統乘坐的飛機才能在白宮的南草坪上著陸」。

一九八一年春天，時任副總統的布希正在例行公務飛行的「空軍二號」飛機上。突然，他接到國務卿黑格從華盛頓打來的電話：「出事了，請你盡快返回華盛頓。」

從幾分鐘後的一封密電中得知，總統雷根中彈，正在華盛頓大學醫院的手術室裏接受緊急搶救，「空軍二號」立刻調頭飛向首都華盛頓。

飛機在安德魯斯著陸前四十五分鐘，布希的空軍副官約翰．馬西尼中校來到前艙，為結束整個行程做準備。飛機緩緩下滑時，馬西尼突然想出了個主意，他說：「如果按常規在安德魯斯降落後，再換乘海軍陸戰隊直升機，抵達副總統住所附近的停機坪著陸，再駕車駛往白宮，要浪費許多寶貴時間。我們不如直接飛往白宮，在南草坪上著陸。」

布希考慮了一下，決定放棄馬西尼提議的這個緊急到達的計畫，仍按常規行事。

「我們到達時，市區交通正處於高峰時期，」馬西尼提醒道，「街道上的交通很擁擠，坐車到白宮要多花十到十五分鐘的時間。」

「也許是這樣，但是我們必須這樣做。」布希說。

馬西尼點點頭：「是的，副總統先生。」說著走向艙門。

看到馬西尼中校顯得疑惑不解，布希解釋道：「約翰中校，只有總統乘坐的飛機才能在南草坪上著陸。」布希堅持著這條原則：「美國只有一個總統，副總統不是總統。哪怕在特殊情況下，也應該遵守規則，無論總統、副總統還是普通民眾。」

知道自己該做什麼，更知道自己不該做什麼，這就是偉人的偉大之處！

多一分限制，就多一分餘地；多一分克制，就多一分自由。

比利永遠不抽煙

被人們稱爲「黑珍珠」的巴西足球運動員比利，自幼酷愛足球運動，並很早就顯示出超人的才華。

有一次，小比利參加了一場激烈的足球賽，累得喘不過氣來。休息時，他向同伴要了一支煙，得意地吸起來，嘴裏還吐出一縷縷淡淡的煙霧。小比利有點陶醉了，似乎剛才的疲勞也頓時煙消雲散。

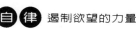

這一切，全被父親看到了，父親的眉頭皺起了一個疙瘩。晚上回到家，父親沒有問他今天球打得如何，而是首先問道：「你今天抽煙了，是嗎？」

「抽了。」小比利意識到自己做錯了事，紅著臉，低下頭準備接受父親的訓斥。

但是，父親並沒有發火。他從椅子上站起來，在屋裏來來回回走了好半天，才平靜地對小比利說：「孩子，你踢球有幾分天資，也許將來會有出息。可是，你現在卻抽煙了，抽煙，會損壞身體，使你比賽時發揮不出應有的水準，你會因此而毀掉前程。」

小比利的頭更低了。父親又語重心長地說：「作為父親，我有責任教育你向好的方面努力，也有責任制止你的不良行為。但是，是向好的方向努力，還是向壞的方向發展，最後做決定的人是你自己。我只想問問你，你是願意抽煙呢？還是願意做個有出息的球員呢？孩子，你該懂事了，自己選擇吧！」

父親從口袋裏掏出一疊鈔票遞給比利，繼續說：「如果你不願意做一個有出息的運動員，執意要抽煙的話，這點錢就作為你買煙的經費吧！」父親說完便走了出去。

望著父親遠去的背影，仔細回味著父親懇切的話語，比利哭了，他哭得很傷心，過了好久才止住抽泣。他猛然醒悟了，拿著鈔票跑出去還給父親，並堅決地說：「爸爸，我向您發誓，再也不抽煙了，我一定要當個有出息的運動員。」

從此以後，比利再也沒抽過一次煙。他刻苦訓練，球藝飛速提高，十五歲參加桑托斯職業足球隊，十六歲進入巴西國家隊，並爲巴西隊永久佔有「女神杯」立下奇功。如今，比利已成爲擁有眾多企業的富翁，但他仍然不抽煙，而且他保證，永遠都不抽煙。

法國啓蒙思想家聖西門，少年時經常為早晨起床而煩惱，因為溫暖的被窩實在太誘人了。為了激勵自己，他讓僕人每天一大早來到床前大聲向他喊：「偉大的事業在等待著你！」在這句話的感召下，聖西門改掉了睡懶覺的毛病，成為著名的學者和偉大的思想家。

能控制自己的人才能控制命運。比利和聖西門就是最好的例子。

正義的警察

服務於英國警界已三十多年的尼格爾．柏加，在國際退役警務人員協會日內瓦周年大會上，榮獲「世界最正義警察」的美譽。

尼格爾．柏加，現年五十四歲。有一次，他到英格蘭風景如畫的湖泊區度假，當他發現自己在時速三十英里區域內以時速三十三英里駕駛之後，馬上給自己開了一張違例駕駛傳票。他回憶道：「由於當時見不到其他警員在場，無人抄牌，最簡單的辦法莫過於把車停在路旁，走下車，寫一張傳票給自己。」

到達市區後，尼格爾立刻將此事報告交通當局。主管違例駕車案件的法官起初大感意外，繼而大受感動。他說：「我當了多年法官，從未遇到過這樣的案件。」結果，他判罰尼格爾二十五英鎊罰款。

尼格爾另一件爲人樂道的往事是關於他母親的。一次尼格爾的母親在公園散步時，不經意地從樹上摘了一朵鮮花作爲帽飾，不巧被正在值勤的兒子發現了，尼格爾毫不留情地把母親當場拘控。罰款確定以後，他立刻替母親交付了那筆錢，並誠懇地向母親解釋說：「你是我母親，我愛你，但你犯了法，我有責任像拘控任何其他人一樣拘控你。」

尼格爾的媽媽不僅沒有責怪兒子，相反，她爲此感到非常驕傲。此後，每當她向別人談起尼格爾的時候，就一定要講起這個故事。

正義就是這個世界的良心。如果天地沒有正義，春天就沒有花朵，秋天就沒有果實；如果人類沒有正義，善就得不到宣揚，惡就得不到懲罰。

有尼格爾這樣的人存在，我們就有理由對這個世界充滿信心。

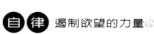

十八公里的成長之路

肯迪成長在西班牙南部一個叫伊斯蒂普納的社區裏。十六歲那年的一個早上，父親讓肯迪開車載他到一個叫米加斯的村莊——大概十八公里外的一個地方，然後讓他把車開到附近一個加油站去加油。那時候肯迪剛剛學會開車，並且幾乎沒什麼機會可以用車，所以他毫不猶豫地就答應了。

肯迪開車把父親送到了米加斯，說好下午四點再去接他，然後自己去了附近的一個加油站，把車停在了那裏。因爲還有好幾個小時的空餘時間，肯迪決定去加油站附近的劇院看場電影。他完全沉浸在影片的情節之中，以至於忘記了時間。等最後一部影片結束的時候，他看了看手錶：已經下午六點。他遲了整整兩個小時！

肯迪想，父親如果知道自己一直在看電影的話，一定會非常生氣，他肯定以後不會再讓我開車了。於是肯迪決定告訴父親，是車出了一些毛病，修理花了太長的時間。

肯迪把車開到了約定的地點，父親正坐在一個角落裏耐心地等待著。肯迪首先爲遲到道了歉，再告訴父親說，本來是想盡快地過來，但是車出了點毛病。

「你遲到了，我可以原諒。但對於你撒謊這一點，我感到非常失望。」肯迪永遠不會忘記那一刻父親的眼神。

「噢，你說什麼呀？我講的全都是實話。」肯迪爲自己狡辯著。

父親又看了肯迪一眼，然後說：「當你沒有按時出現的時候，我就打電話給加油站，他們告訴我，你一直沒有過去取車。所以，我知道車根本沒有任何毛病。」一陣負罪感頓時襲遍肯迪全身，他無奈地承認了去看電影的事實，以及遲到的眞正原因。父親專心地聽著，一陣悲傷掠過他的臉龐。

「我很生氣，不是對你，是對我自己。因爲我已經認識到，作爲一個父親我其實是很失敗的，如果這麼多年你仍然感覺你必須對我撒謊的話，是因爲我沒有告訴你，每個人必須說眞話的重要性。我現在要走回家去，並對我這些年做錯的事情進行反省。」

「但是父親，從這兒到家有整整十八公里。天已經黑了，你不能走回去！」肯迪抗議道，但他的道歉以及後來所有的勸慰都成徒勞。

父親開始沿著塵土瀰漫的道路行走。肯迪迅速跳到車上緊緊地跟著，希望他什麼時候突然回心轉意停下來。一路上肯迪都在祈禱，不停告訴父親自己是多麼難過和抱歉，但是父親根本不予理睬。

父親繼續沉默著、思索著，臉上寫滿了痛苦。整整十八公里的行程，肯迪一直開車跟著他，時速大約爲每小時五公里。看著父親遭受肉體和情感上的雙重痛苦，這成了肯迪面對過的最令人難忘的經歷。

然而，這卻是最成功的一課，自此以後，肯迪再也沒有對父親說過謊，也沒有對其他任何人說過謊。

每個人從小就必須知道對自己負責，對別人負責，對承諾負責。

你不對生活負責，生活就會放棄你。

猶太長老的痛苦

一位猶太教長老，酷愛打高爾夫球。在一個安息日，他覺得球癮來了，很想去揮揮桿。但猶太教義規定，信徒在安息日必須休息，什麼事都不能做。

這位長老終於忍不住，決定偷偷去高爾夫球場，他想：「就打九個洞好了。」由於安息日猶太教徒都不出門，球場上一個人也沒有，因此長老覺得不會有人知道他違反了規定。

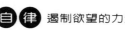

然而，當長老打第二洞時，卻被天使發現了，天使生氣地到上帝面前告狀，說某某長老不守教義，居然在安息日出門打高爾夫球。上帝聽了，對天使說：「放心吧，我會好好懲罰這個長老。」

第三個洞開始，長老連續打出超完美的成績，幾乎都是一桿進洞。長老興奮莫名，到打第七個洞時，天使又跑去找上帝：「上帝呀，您不是要懲罰長老嗎？爲何還不見有懲罰？」上帝說：「我已經在懲罰他了。」

直到打完第九個洞，長老都是一揮而就。因爲打得太神乎其神，長老決定再打九個洞。天使又去找上帝了：「到底您的懲罰在哪裏？」上帝只是笑而不答。

打完十八個洞，成績比任何一位世界級的高爾夫球手都要優秀，這可把長老樂壞了。天使很生氣地問上帝：「難道這就是您對長老的懲罰嗎？」

「過一會兒你就知道了，」上帝說，「你想想，他有這麼驚人的成績以及興奮的心情，卻不能跟任何人傾訴，這不是最好的懲罰嗎？生活需要伴侶，快樂和痛苦都要有人分享。沒有人分享的人生，無論面對的是快樂還是痛苦，都是一種懲罰。」

結果眞如上帝所料，長老回去之後，心情久久不能平靜，他很想對別人講打高爾夫球的事，卻不敢開口。最終，在他向眾人布道時，還是忍不住說出了眞相：「我在安息日，打了一場漂亮的球……」因此，眾人廢除了他的職務。

沒有節制的快樂，是最危險的人生陷阱。

洛克菲勒三世的零用錢

美國石油大王小約翰・D・洛克菲勒，一生爲公益事業捐獻了五千多萬美元。他曾經出資修繕凡爾賽宮，建造了阿卡迪亞和格蘭德頓國家公園，並捐獻地皮給聯合國在紐約設立的總部。

但在這裏，我們要看到的是他在一九二〇年五月一日寫給兒子——約翰・D・洛克菲勒三世的一封信。小約翰・D・洛克菲勒當時四十六歲，在信裏，他對十四歲的兒子提出了一系列財務要求。信的全文如下：

爸爸和約翰的備忘錄——零用錢處理細則：

1. 從五月一日起，約翰的零用錢起始標準確定爲每周一美元五十美分。

2. 每週末核對賬目，如果當周約翰的財務記錄讓父親滿意，下周的零用錢加十美分，但最高零用錢金額可等於但不超過每周二美元。

3. 如果當周約翰的財務記錄不合規定或無法讓父親滿意，下周的零用錢扣十美分。
4. 在任何一周，如果沒有可記錄的收入或支出，下周的零用錢保持本周水準。
5. 如果當周約翰的財務記錄合乎規定，但書寫或計算不能令爸爸滿意，下周的零用錢適當減少。
6. 爸爸是零用錢水準調節的唯一評判人。
7. 雙方同意，至少將百分之二十的零用錢用於公益事業。
8. 雙方同意，至少有百分之二十的零用錢用於儲蓄。
9. 雙方同意，每項支出都必須清楚、確切地記錄。
10. 雙方同意，未經爸爸、媽媽或家庭教師斯格爾思小姐的同意，約翰不可以私自去商場購買任何商品。
11. 雙方同意，如果約翰需要購買零用錢使用範圍以外的商品時，必須徵得爸爸、媽媽或斯格爾思小姐的同意。找回的零錢和商品發票、找零的收據必須在商品購買的當天晚上交給資金的給予方。

12. 雙方同意，約翰不得向家庭教師、爸爸的助手和其他人要求墊付資金。

13. 約翰存進銀行帳戶的零用錢，如果超過百分之二十（見細則第八款），爸爸將向約翰的帳戶補加與超過部分同等數量的存款。

14. 以上零用錢公約細則將長期有效。以上協議經雙方同意並執行。

小約翰．D．洛克菲勒（簽名）

約翰．D．洛克菲勒三世（簽名）

金錢沒有品性，但它會賦予人一種品性：對金錢的節制，可以使一個人變得高貴；對金錢的貪婪，可以讓一個人變得卑賤。

金錢不是魔鬼，但它是一個魔術師。它可以把你的幸福變為痛苦，也可以把你的痛苦變為幸福。

小洛克菲勒想讓兒子知道：錢是生活的一個部分，但生活不是錢的一個部分。

威靈頓公爵的道歉

一八一五年六月，威靈頓公爵統率反法聯軍在滑鐵盧大敗拿破崙軍隊，因此聲名大振。但他回到英國後並沒有因此而自恃功高，仍舊謙虛待人。

長久以來，他很想買下一塊空地，可是由於一直在前方作戰，總沒有時間料理此事。現在，他解甲歸田了，於是就讓部下去跟土地的主人商議買賣事宜。

由於主人正好缺錢，加上知道買主是赫赫有名的威靈頓公爵，雙方很快就成交了。

當部下興沖沖地回報事情已經辦妥時，威靈頓問：「你用了多少錢？」部下說：「本來那塊地應該值一千五百英鎊，但我用一千英鎊就買下來了。因為他知道是公爵您要買那塊地，所以願意廉價出讓。」

威靈頓聽了報告，立刻打斷下屬的話，並斥責道：「難道你把我的名譽就以五百英鎊的價錢賤賣了嗎？難道就因爲我是威靈頓公爵，就可以不講公道嗎？」

第二天，威靈頓立即派人給土地的主人補送了五百英鎊，並寫了一封信誠摯地向對方道歉。

不因小善而不為，不因小惡而為之。擁有不該得到的東西，可以使小人高興；放棄不該得到的東西，可以使君子快樂。

黃金裝飾的枷鎖

二十世紀七〇年代的一天夜裏，倫敦某煉金廠被人盜走了八塊金錠。那天，所有進入過廠區的人都受到嚴格的盤查，對涉嫌重大的對象，警方還到他們的住處進行了搜索，但是沒有查到任何結果。那八塊金錠像是自己長了翅膀，飛得無影無蹤，不知去向。

三十年過去了。有一天，一位老人拿著幾片金屑來銀行兌換現鈔，一下子引起了銀行職員的懷疑，因爲金屑的純度極高，一般民間私藏金器不可能達到這樣的純度。警方據此展開偵查，最後在老人家中的牆壁裏找到了八塊金錠，正好就是三十年前煉金廠失竊的那八塊。

三十年前，老人正好是煉金廠的治安警官，誰也沒有想到，竊賊竟然是他！

這位名叫邦德的老人被逮捕了，入獄的那一天，他長長舒了一口氣，第一次安心地睡了一覺。自從將那八塊金錠弄到手之後，他從來沒有過上一天安寧的日子。

三十年前，邦德先是把金錠藏在家裏，爲此日夜驚魂不安，一聽到有人敲門，心裏就「撲通撲通」直跳，經常夢見金錠被人查出，自己被警察抓走。後來，他又把金錠埋到附近社區一個垃圾站的地下，但回來後心裏更不踏實：萬一被人發現，豈不是白忙一場？於是他又把金錠搬回來，只要有一點兒風吹草動，他就把金錠埋到別的地方。如此反反覆覆，不知折騰了多少回。

終於熬到頭髮也白了，人也老了，他的妻子也死了。邦德想：爲幾塊金錠我受了這麼多年驚嚇，究竟得到了什麼？金錠再值錢，不把它兌換出去，不過是廢物一堆。於是，邦德開始日夜琢磨，如何把金子換成錢。他曾想找黃金走私販，但找來找去沒有找到保險的人；他也曾試圖把它們扔掉，得到徹底解脫，但又不甘心。

於是，邦德打算冒一次險，通過銀行將金錠換成英鎊。他以爲，這麼多年過去了，一定不會還有人記得這件事，可結果他還是沒有僥倖逃脫。

莎士比亞說：「黃金鑄成的枷鎖是最沉重的。」我們從老邦德身上看到了一個活生生的例子，他的枷鎖不是從鋃鐺入獄的那一天開始的，而是三十年以前就戴上了，從年紀輕輕一直戴到老死獄中……

上帝通常這樣實施對人的懲罰：先讓你產生一個荒謬的欲望，然後讓你為了這個欲望而瘋狂，當你瘋狂之後，就會肆意妄為，最後便自我毀滅。

人只有放棄了貪婪，才能真正獲得寧靜和平安。

大度

容納天地的胸懷

「孩子，你知道上帝給我們的最好禮物是什麼嗎？」

「是糖果，還有布娃娃。」

「不是，是無私的愛。」

鄰居家的往來

從前，蘇伯比亞小鎮有一對鄰居，一個叫漢斯，一個叫吉姆——但他們不是什麼好鄰居，雖然誰也記不清到底是爲什麼，但事實是，他們彼此都不喜歡對方。

他們之間時有口角發生，儘管在院子裏開剪草機修整草坪時，車輪常常碰在一起，但多數情況下雙方連招呼也不打。

有一年夏天，喬治和妻子外出度假兩周。開始，吉姆和妻子並未注意到他們走了，本來兩家勢如水火，注意他們幹什麼？沒看見他們反而清靜。

一天傍晚，吉姆注意到喬治院子裏的草已經很高了。自家草坪剛剛修剪過，兩相比較，看上去特別顯眼。

對於過往的行人來說，喬治和妻子很顯然是不在家的，而且已離開很久了。吉姆想，這等於公開邀請夜盜入戶，於是一個想法像閃電般攫住了他。

吉姆又一次看著那雜亂無章的草坪，但心裏眞不願去幫自己不喜歡的人。不管這種想法是多麼堅定，可要去幫忙的念頭卻揮之不去。第二天早晨，吉姆起了個大早，趁自己還沒有開始猶豫的時候，就把那塊長瘋了的草坪修剪好了！

幾天之後，喬治和妻子度假回來了。他們回來不久，吉姆就看見喬治在街上走來走去，他在整個街區每所房子前都停留過。

最後他敲了吉姆家的門，吉姆開門時，喬治站在門外盯著他，臉上露出奇怪和不解的表情。

過了很久，喬治才說話。「吉姆，你幫我剪草了？」他問道。這是他很久以來第一次叫吉姆的名字。「我問了所有的人，傑克說是你幹的，是眞的嗎？是你替我剪草了嗎？」他的語氣幾乎像是在責備。

「是的，喬治，是我。」吉姆說。

喬治站了片刻，像是在考慮要說什麼。最後他用低得幾乎聽不見的聲音嘟囔著說了聲「謝謝」，馬上急轉身走開了。

喬治和吉姆之間就這樣打破了沉默。他們還沒發展到在一起打高爾夫球和保齡球的地步，他們的妻子也沒有爲了借點兒糖或是閒聊而頻繁地走動，但他們的關係卻在改善。至少，當剪草機開過的時候，他們相互之間有了笑容，有時甚至還會說一聲「你好」。

說不定什麼時候他們會在一起聊天，誰知道呢？他們或許會分享同一杯咖啡，這只是遲早的事情。

人與人之間從來沒有融化不了的堅冰，一次相遇的微笑就可以盡釋前嫌，一聲善意的問候就可以消除積怨。

在這種僵持的關係中，誰邁出第一步，誰就是勝利者，因為他戰勝了狹隘和自我，展示了勇氣和力量。

國王的三個大臣

從前，有一位年老的國王，他決定不久以後將王位傳給一個年輕有爲的大臣。

一天，國王把三位同樣優秀的大臣叫到跟前說：「我老了，決定把王位傳給你們中的一個，但你們必須到外面去遊歷一年。等一年後回來的時候，你們要告訴我這一年內所經歷的一切。只有那個眞正做過高尚事情的人，才能繼承我的王位。」

一年過去了，三位大臣回到了王宮，他們把自己這一年來在外面的收穫一一告訴了國王。

第一位大臣說：「我在遊歷期間，曾經遇到一個陌生人，他十分信任我，託我把他的一袋金幣交給他住在另一個村莊的親戚。當我遊歷到那個村莊時，就把金幣原封不動地交給了那個人。」

國王說：「你做得很對，但誠實是你做人應有的品德，不能稱得上是高尚的事情。」

第二位大臣接著說：「我走到一個小鎮，剛好碰上一夥強盜打劫，我衝上去幫村民們趕走了強盜。後來我還幫他們組建了一支自衛隊，以保證那裏的長治久安。」

國王說：「你做得很好，但臨危救人是你的責任，這也稱不上是高尚的事情。」

第三位大臣遲疑地說：「我曾經有一個仇人，他千方百計地想陷害我，有好幾次，我差點就死在他的手上。在這次旅行中的一個傍晚，我獨自騎馬走過一道懸崖，發現我的仇人正倒在懸崖邊的一堆草叢裏，如果一翻身，他就會掉入萬丈深淵。原來他是經過長途跋涉餓昏在這裏的。我叫醒他，給了他一些食物和水，然後帶著他一起繼續趕路。

後來，當我下馬準備涉過一條大河時，一隻猛獸突然從旁邊的樹林裏躥出來撲向我，正在危急時，我的仇人從後面追趕過來，奮力驅走了猛獸。我問他爲什麼要救我的命，他說，你救我在先，是你的仁愛化解了我的仇恨……我就做過這樣一件特殊的事，其實它也不算什麼高尚的事。」

「不，孩子，能幫助自己的仇人，而且化敵爲友，這是一件十分了不起的事情，」國王嚴肅地說，「孩子，從今天起，我就把王位傳給你。」

山谷能容納洪流，那是大度；天空能容納雷電，那是大度；大海能容納波瀾，那是大度；人能容納仇敵，並能化敵為友，那才是真正的大度。

人生來並無怨恨。友情是我們自己製造出來的，仇恨也是我們自己製造出來的。

製造仇恨，得到敵人；製造友情，得到兄弟。

居里夫人的放棄

一九二〇年五月的一個早晨，一位名叫麥隆內夫人的美國記者，幾經周折終於在巴黎實驗室裏見到了鐳的發現者居里夫人。端莊典雅的居里夫人和異常簡陋的實驗室，給這位美國記者留下了難忘的印象。此時，鐳已經問世十八年了，它當初的身價曾高達七十五萬法郎。美國記者由此推斷，僅憑專利技術，應該早已使眼前這位夫人富甲一方了。

但事實上，居里夫婦早在十八年前就放棄了鐳的專利權，不僅如此，她還毫無保留地公布了鐳的提純方法。對此，居里夫人異常平淡地解釋說：「沒有人應該因爲鐳致富，它是屬於全人類的財產。」

麥隆內夫人困惑不解地問：「難道這個世界上就沒有你最想要的東西嗎？」居里夫人依然平靜地答道：「有，一克鐳，因爲我現在的研究需要它。可是，

十八年後的今天，我買不起，它的價格實在太貴了。」

這出乎意料的回答，使麥隆內夫人既感驚訝又很不平靜。鐳的提純技術已經使世界上許多人腰纏萬貫，而鐳的發現者卻困頓至此！她立即飛回美國，打聽出一克鐳在美國當時的市價爲十萬美元，於是她找到十位女富豪——相信同是女人，她們一定會解囊相助。萬萬沒想到，麥隆內夫人卻碰了壁。這使她意識到，這不僅僅是一次金錢的捐助，更是一場呼喚公眾理解科學、弘揚科學家高尚品格的社會教育。於是，麥隆內夫人在全美奔走宣傳此事，最終獲得了成功——一九二一年五月二十日，美國總統將公眾捐獻的一克鐳贈與居里夫人。

居里夫人的一生，因取得了非凡的科學成就共獲得過十項獎金、十六枚獎章、一百零七個名譽頭銜、兩次諾貝爾獎，但她從來沒有把這些榮譽看得比科學本身更重要。一天，一個朋友來居里夫人家作客，看見她的小女兒正拿著一枚金質獎章在地上玩耍，那是英國皇家學會剛剛頒發給居里夫人的獎品。朋友大吃一驚，忙問：「居里夫人，能夠得到英國皇家學會的獎章，這是極高的榮耀，你怎麼能把這樣珍貴的獎章給孩子玩呢？」

居里夫人笑了笑，說：「我是想讓孩子們從小就知道，榮譽就像玩具，它不能眞正給世界帶來什麼，如果將它們看得太重，因名所累，最終可能一事無成。」

如果你總是站在門裏，你會覺得這個房子就是你的世界；如果你站到門外，你會突然發現，原來，房子也不過是世界的一個小小部分。

懷天下者，才能忘自己；忘小利者，才能成大業。

一個懂得捨棄的人，才眞正懂得生活，儘管捨棄有時比獲得要艱難很多。

聖誕夜的休戰

這是第二次世界大戰中的一個小小插曲，它發生在一九四四年的聖誕之夜。

靠近比利時邊境的德國亞爾丁森林區有間小木屋，住著母子兩人，他們是為了逃避盟軍的轟炸才躲到這裏來的。

正當他們在聖誕燭光下禱告時，突然響起了敲門聲。母親慌忙吹熄蠟燭，然後打開了房門。門外站著兩個頭戴鋼盔的士兵，身後還有一個人躺在地上，鮮血染紅了雪地。其中一人操著聽不懂的語言和她說話，母親馬上知道他們是美國兵——德國的敵人。

美國兵不懂德語，母子倆又不懂英語，幸好雙方都能講幾句法語。母親瞧著那個傷得很重的美國兵，終於動了惻隱之心。

三個美國兵一個叫傑姆，另一個叫洛賓，傷患叫哈瑞。他們與部隊失散了，在森林中走了三天，饑寒交迫，走投無路。

母親吩咐兒子：「去把赫爾曼捉來，還要六個馬鈴薯。」赫爾曼是那隻唯一留著的公雞，本來打算等被徵去當民防員的丈夫回家時一同享用的。

正在她布置餐桌時，又有人敲門。這次，門外站著四個德國兵。

兒子嚇得幾乎渾身不能動彈，因爲窩藏敵軍是要作爲叛國罪論處的。母親雖然也很害怕，但還是鎮靜地迎上去，說：「聖誕快樂！」

「我們找不到部隊了。能在這裏休息一下嗎？」帶隊的下士問道。

「當然。」母親微笑著說，「還可以吃一頓熱飯。不過，我這裏還有三位客人，你們也許不會把他們當朋友。但這是聖誕夜，我不希望你們在這裏開槍。」

「是美國兵嗎？」下士緊張地問。

「聽著，」母親嚴肅地說，「你們，還有裏面的幾個，都可以做我的兒子。今夜，讓我們忘掉戰爭這回事吧！」

四個德國兵一時呆住了。母親拍了幾下手說：「話已經說夠了，請進，把槍支放在屋角的柴堆上，該吃晚餐了！」

德國兵聽話地放下了全部武器，美國兵也照樣做了。

德國兵和美國兵緊張地擠在小屋裏，表情十分尷尬。母親神態自若地對兒子說：「這下赫爾曼可能不夠分配了，快去再拿些馬鈴薯和燕麥來，孩子們都餓壞了。」她說這話時，像母親那樣對大家溫柔一笑。

當兒子從儲藏室回到屋裏時，發現一個德國兵正在檢查哈瑞的傷口，不共戴天的仇敵彷彿成了一家人，這種奇特的休戰一直持續到第二天早上。母子倆用兩根木棒和僅有的一張臺布製成一副擔架，讓哈瑞躺上去，隨後把客人們送出門外。德國下士指著地圖告訴美國兵怎樣走回自己的防線，然後他們互相握手道別。母親激動地說：「孩子們，但願有一天你們都能平安回到自己的家，上帝保佑你們！」

德國兵和美國兵朝著相反的方向走去，很快消失在白茫茫的森林裏。

一九四四年的聖誕之夜，在戰火硝煙裏，我們看見了一個母親像大地一樣寬廣的胸懷。

在她溫暖的懷抱中，不共戴天的敵人開始撫摸對方的傷口，兵戎相見的異族人開始彼此友好地問候。仇恨的臉上綻開了微笑，沾滿鮮血的手握在一起。

這個夜晚告訴我們：戰爭不是注定的，仇恨不是注定的。愛和理智可以將它們一齊融化。

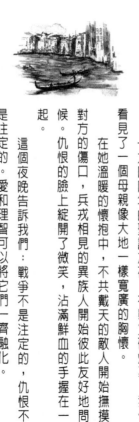

將軍和女奴

將軍愛上了一個女奴，他不惜一切代價，想要解除她的奴隸身分。於是將軍計畫舉辦一場熱鬧的婚禮，讓她成爲世界上最幸運的女人——自己終生疼愛的妻子。

就在婚禮的前幾天，這個女孩突然生起重病，而且一天比一天嚴重。將軍找過最高明的醫生，不管用何種方法治療，服用任何奇特的藥物，她的病情還是一點都沒有好轉。

於是，將軍頒發手諭：不管是誰，只要可以治好女孩的疾病，即可得到豐厚的賞賜，甚至可以滿足他的一切要求。

有一位醫生與女孩談了半小時，然後去見將軍：「將軍，我知道她得了什麼病，我知道有什麼藥可以治好她，只是……」

將軍緊張地問：「只是什麼？還不快說！」

醫生說：「只是這帖藥非常苦，不只是她會受苦，就連將軍您也連帶著一起痛苦。」

「不管要我承受多少痛苦，只要能治好她的病，我都願意。」將軍非常乾脆。

醫生有些猶豫，但他還是道出了實情：「因爲她愛上了您的一位僕人，她得的是世間無藥可醫的相思病。」

將軍非常震驚，他感到左右爲難：因爲愛她，他不忍心讓她嫁給別人；因爲愛她，他更不願意看著她死去。

將軍終於讓這個女奴嫁給了他的僕人，並且爲他們舉行了隆重的婚禮。

能征服一己之私的人，方能征服千軍萬馬，這就是將軍之所以能成為將軍的原因。

捨棄所愛，成人之美，世間有多少人能夠從容做到？

納粹的孩子

這是德國「二戰」以後的事情。一個納粹戰犯被絞死了，他的妻子因爲無法忍受眾人的羞辱，吊死在自家窗戶外面。

第二天早晨，鄰居們看到了這可憐的一幕。窗戶開著，她兩歲大的孩子正伸出手向懸掛在窗框上的母親爬去。眼看另一場悲劇就要發生，人們屏住了呼吸。

這時，一個叫艾娜的女人不顧一切地向樓上衝去，把危在旦夕的孩子救了下來。她收養了這個孩子，而她的丈夫，就在年前因爲幫助猶太人，被這個孩子的父親當街處決。

鄰居們沒有人理解她，甚至有人不同意讓這個孩子留在他們的街區，他們讓她把孩子送到孤兒院，或者乾脆扔掉。艾娜不肯，於是有人整日整夜地向她家的窗戶扔穢物，辱罵她。她自己的孩子也不諒解她，他們動不動就離家出走，還同小夥伴一道向母親扔石頭。

可是，艾娜始終把那個孩子抱在懷裏，溫柔地對孩子說：「你是多麼漂亮啊，你是個小天使。」

漸漸地，這個孩子長大了，鄰居們的行爲已經不再像當初偏激了，但是常有人叫他「小納粹」。同齡的孩子都不跟他玩，他變得性格古怪，常常以惡作劇爲樂。直到有一天，他打斷了一個孩子的肋骨，鄰居們終於瞞著艾娜，把他送到十幾里外的教養院。

半個月後，幾乎快要發瘋的艾娜終於找回了孩子。當他們再一次出現在憤怒的鄰居們面前時，艾娜緊緊護著孩子，嘴裏喃喃自語道：「孩子無罪，孩子無罪……」

這個孩子就在那時知道了自己的身世，他痛哭流涕、悔恨萬分。艾娜告訴他，最好的補償就是眞心去幫助大家。

從此以後，他發憤圖強，樣樣事都做得很好。最主要的是，他學會了關心他人，鄰居們無論誰家有了難事，他都會主動去幫忙。在他中學畢業時，收到

了這一生中最好的禮物：他的所有鄰居每家都派了一個代表，去參加他的畢業典禮。

而這個時刻，感到最幸福的人就是艾娜。

把罪惡和孩子分開，把仇恨和自己分開，把誤解和人群分開——一個柔弱的女人，她需要多大的力量和忍耐才能做到！在她的面前，世上該有多少人無地自容？

十大戒律

有很多事物，看似是「是」，其實卻是「非」；也有很多事物，看似是「非」，其實卻是「是」。美國社會學家肯特．M．基斯博士寫了《似非而是》一書，提出「似非而是十大戒律」。

戒律之一：人都是毫無邏輯、不講道理、以自我爲中心的，但你還是要寬容他們。

戒律之二：你如果行善事，人們會說你必定出於自私的動機，但你還是要多行善事。

戒律之三：你如果成功，得到的會是假朋友和眞敵人，但你還是要成功。

戒律之四：你今天表達的愛心，明天就會被人忘記，但你還是要愛別人。

戒律之五：坦誠待人使你更容易受到傷害，但你還是要坦誠待人。

戒律之六：思想最博大的人，可能會被頭腦狹隘的人擊倒，但你還是要志存高遠。

戒律之七：正直的人可能屢不得志，小人卻青雲直上，但你還是要正直。

戒律之八：你窮數年之功建設起來的東西，可能在一夜之間就被毀掉，但你還是要建設。

戒律之九：人們的確需要幫助，但當你真的幫助他們時，他們可能會怨恨你，但你還是要幫助他人。

戒律之十：當你把最寶貴的東西獻給世界時，你會被反咬一口，但你還是要把最寶貴的東西獻給世界。

也許，這「十大戒律」講得未必全都準確，但在任何時候，「愛」沒有錯，「善」沒有錯，「奮鬥」和「奉獻」更沒有錯。而且「愛」也能「生愛」，「善」也能「引善」，難道不是嗎？

也許這些話沒有人相信，但我們還是要說出來。

雖然很多事情逼迫著我們人不像人地生存著，但我們還是要堅強地做一個人——這就是我們生活的全部目標。

在這「似非而是」的十大戒律中，我們可以為自己找到肯定而準確的理由。

請你先上

一位登山者和他的嚮導，歷經千辛萬苦終於登上了世界之巔的珠穆朗瑪峰，在此之前，世界上還沒有人到過這樣的高度。

世界之巔與他們之間只有幾公尺之遙了，他們倆任何一個人只要快速向前衝幾步，就可以成爲「世界第一」。

可是這位從紐西蘭來的登山者卻對嚮導說：「這是在你的家鄉，請你先上吧！」

這位老實的嚮導並不明白這一步的意義，他只是爲了酬勞才來到這裏。他沒有聽清楚氧氣罩後面的話，只是從對方恭敬的表情和謙讓的手勢中明白了其中的意思。

於是嚮導先走了幾步，登上了世界之巔，在那裏留下了人類的第一個腳印。

這是人類有史以來，第一次登上珠穆朗瑪峰。

登山者隨後跟上，他們在世界之巔緊緊擁抱，高呼著：「我們成功了！」

登山者名叫希拉蕊，嚮導叫丹增，他們衝頂的時間是一九五三年五月二十九日。

這是人類歷史中光彩奪目的一天。五十年後，當我們爲人類創造的奇蹟而慶賀時，也爲希拉蕊那句謙讓的話而再次感動。

希拉蕊深深知道這幾步對於自己的意義，他多年的理想就是能夠第一個登上珠穆朗瑪峰，但在接近巔峰前的幾步，他戰勝了自己的欲望，而把這個權利讓給了身居此地的夏爾巴人。

人最難戰勝的是自己的私欲，私欲的高度比珠峰更高。

戰勝了私欲，還有什麼不可戰勝？

馬蠅效應

一八六〇年大選結束後，有位叫巴恩的大銀行家看見參議員薩蒙·凱斯從林肯的辦公室走出來，就進去對林肯說：「你不要將此人選入你的內閣。」

林肯問：「爲什麼？」

巴恩答道：「因爲他總認爲比你偉大。」

「哦，是這樣，」林肯接著問他，「你知道還有誰認爲自己比我偉大？」

「不知道了，」巴恩說，「不過，你爲什麼這樣問？」

林肯回答說：「因爲我要把他們全都收入我的內閣。」

後來的事實證明，這位銀行家的話是有根據的。凱斯的確是個狂態十足的傢伙，不過，他也的確是個人才。林肯十分器重他，任命他爲財政部長，並盡力與他減少摩擦。凱斯狂熱地追求最高領導權，而且嫉妒心極重。他本想入主白宮，卻被林肯「擠」了，他不得已又想當國務卿，林肯卻把這個位子給了西華德。於是他只好坐第三把交椅，對此他一直激憤不已。

一天，《紐約時報》的主編亨利．雷蒙特來拜見林肯。當他談到凱斯正在準備角逐總統職位的時候，林肯給他講了一個小故事。

林肯以他那特有的幽默神情說道：「雷蒙特，你不是在農村長大的嗎？那麼你一定知道什麼是馬蠅了。有一次我和我的兄弟在肯塔基老家的農場犁玉米地，我吆馬，他扶犁。這匹馬平時很懶，但那天牠卻在地裏跑得飛快，連我這雙長腿都差點跟不上。到了地頭，我發現有一隻很大的馬蠅叮在牠的身上，於是就把牠打落了。我的兄弟問我爲什麼要打掉牠，我回答說，我不忍心讓這匹馬被叮咬。我的兄弟說：你不知道嗎？正是這傢伙才使得馬跑起來的呀！」

最後，林肯意味深長地說：「如果有一隻叫『總統欲』的馬蠅正叮著凱斯先生，只要它能使凱斯不停地奔跑，這不是很好的事情嗎？如果再多幾隻像凱斯那樣的『馬蠅』也整天叮咬我，讓我也飛快地奔跑，那不也同樣是好事嗎？我們爲何不感謝牠們呢？」

他容忍了馬蠅，容忍了凱斯，所以他成了林肯。

人的心胸有多大，他的志向就有多大，他的前程就有多大，他的天地就有多大。

忘記背後的槍聲

一支部隊在森林中與敵軍相遇，混戰過後，安德森和傑克被沖散了，正好，他們倆來自同一個小鎮。他們在森林中艱難跋涉，十多天過去了，仍然沒有找到部隊。

一天，他們打死了一隻麋鹿，依靠鹿肉，兩人又度過了幾天。安德森把僅剩下的一點鹿肉背在身上，不幸，他們又一次碰到敵軍。經過迂迴激戰，他們巧妙地避開了敵人。

就在自以爲已經安全時，安德森聽見一聲槍響，頓時中彈倒地。傑克惶恐地跑了過來，他害怕得語無倫次，緊抱著戰友淚流不止，並把自己的襯衣撕破爲安德森包好傷口。

晚上，傑克一直念叨著母親的名字，兩眼直勾勾地望著安德森。他們饑餓

難耐，以爲眞熬不過這一關了，可他們誰也沒動身邊的鹿肉。

他們依然互相鼓勵，互相安慰，終於等到了救援。

三十年後，安德森說：「我知道誰開的那一槍，是傑克。當他抱住我時，我碰到他發熱的槍管。我知道他是爲了鹿肉，他想爲母親而活下來。

「我一直假裝根本不知此事，也從不提及。戰爭太殘酷了，他的母親還是沒等到他歸來。我和他一起祭奠老人家的那一天，他突然跪下來，請求我原諒他，但我沒讓他把話說完。」

於是，安德森和傑克又做了幾十年的朋友。

在現實生活中，很少有人不被傷害。面對傷害，我們是以牙還牙，還是以德報怨？

人傷害了我們，如果我們諒解了他，世界上就沒有了敵人；人傷害了我們，如果我們反戈一擊，世界上就有了兩個敵人。

如果說大度是一種境界的話，還不如說是一種智慧。

友情的玫瑰

二十世紀初，一個日本家庭移居到三藩市，並在那裏做起了種植玫瑰的產業。

他們的鄰居是從蘇格蘭遷移來的，也種植並出售玫瑰。兩個家庭都依靠勤勞和誠信獲得了成功，他們的玫瑰在三藩市市場上很受歡迎。

毫無疑問，他們彼此在生意上一直是強烈的競爭對手。

一九四一年十二月七日，日本人轟炸了夏威夷群島，許多美國士兵在那裏犧牲。其時，這個日本家庭中的其他成員都已經是美國人了，但是他們的父親一直保留日本國籍，在當時混亂的情況下，他們一家因此被拘禁了。

臨行的時候，日本家庭對蘇格蘭鄰居說：「您們願意照顧我們的花圃嗎？」鄰居答應了，但日本人並不對未來抱任何希望，也不指望再看見自家的玫瑰。

兵。

他們被流放到科羅拉多州的格林那達，周圍密布著鐵絲網和全副武裝的士整整一年過去了，事態沒有任何改變。第二年、第三年、第四年，日本一家還在拘留地。終於有一天，戰爭結束了，這家日本人告別了拘禁歲月，坐上火車，回到了三藩市。

他們將看到什麼情景呢？

這家日本人在火車站與他們的老鄰居相遇了，鄰居一家是專門來迎接他們的。當回到家裏時，日本人驚呆了：他們的玫瑰苗圃整齊繁茂，在太陽下熠熠生輝，房間也收拾打掃得跟苗圃一樣乾淨整齊，彷彿他們從來沒有離開過。

在會客廳的桌子上，有一張銀行存摺，上面記載著幾年來每一筆玫瑰買賣的收入。桌上還有一枝鮮紅的玫瑰蓓蕾正含苞待放——那是鄰居一家送給他們的見面禮物。

把荊棘給別人，自己的手也會流血；把玫瑰給別人，自己的手會留下餘香。心中有一枝玫瑰的人，他的人生就是一片花的海洋。

一包巧克力餅乾

一個星期五，波頓去倫敦買東西。他是去買耶誕節禮物的，也想爲大學的專業課找幾本書。那天他是乘早班車去的倫敦，中午剛過不久，要買的東西都買好了。波頓不怎麼喜歡待在倫敦，太嘈雜，交通也太擠，此外，晚上他還有一個約會，於是便搭乘計程車去火車站。他本來捨不得坐計程車，只是那天想趕三點半的火車。不巧碰上交通堵塞，等他到火車站時，那趟列車已經開走了。

波頓只好待一個小時等下趟車。他買了一份《旗幟晚報》，漫步走進車站的候車室。候車室裏幾乎空無一人，波頓到小賣部要了一杯咖啡和一包餅乾——巧克力餅乾，他很喜歡這種餅乾。

波頓找了一個靠窗的位置安然坐下，坐下來就開始做報上登載的縱橫填字

遊戲，他覺得做這種遊戲很有趣。

過了幾分鐘，一個人走過來坐到波頓的旁邊，這個人除了個子很高之外，沒有什麼特別的地方。他穿一身暗色衣服，帶一個公事包。

波頓沒說話，繼續邊喝咖啡邊做填字遊戲。忽然，波頓發現剛進來的那個人把手伸過來，打開他那包餅乾，拿了一塊在咖啡裏蘸一下就送進嘴裏。波頓簡直難以相信自己的眼睛，他吃驚得說不出話來。

不過波頓不想大驚小怪，於是決定不予理會，不就是幾塊餅乾嗎？讓他吃吧，波頓總是避免惹麻煩，自己也開始吃起餅乾，吃一塊，喝一口咖啡，然後繼續做填字遊戲。

這個人再去拿餅乾時，波頓既不抬頭也沒吱聲，他假裝對填字遊戲特別感興趣。過了幾分鐘波頓不在意地伸出手，拿起最後一塊餅乾，忍不住瞥了這人一眼。沒想到，那個人也正奇怪地看著波頓。

波頓有點緊張地把餅乾放進嘴裏，決定離開。正當他準備站起身走開的時候，那個人突然把椅子往後一推，站起來匆匆走了。波頓感到如釋重負，準備坐幾分鐘再走。他從容地喝完咖啡，然後折好報紙站起身。這時，波頓突然發現，就在桌上原來放報紙的地方，原封不動地擺著他自己的那包餅乾。

原來波頓吃的是那個人的餅乾！剛才喝的咖啡馬上變成淋漓大汗從他後背流了出來。

斤斤計較，我們會處處煩惱；寬大為懷，才能得到快樂。

別看生活總是沒沒無聞，其實它時時刻刻都在考驗我們。

曾經有這樣一些人

亞歷山大・漢密爾頓在決鬥中故意把槍口抬得高一些，他朝艾倫・伯爾頭頂上方開槍，結果把死亡留給自己。

班傑明・古根海姆在「鐵達尼號」就要沉沒時，把自己的救生衣讓給了一位女乘客，然後繫上白色領結，紳士般地從容赴死。

在一九一二年的南極探險中，勞倫斯・奧茨船長被凍壞了雙腿。爲了不耽誤同伴們從死亡極地快速離開，一天晚上，他走到帳篷口，留下一句話：「我出去一下，可能要一陣子。」隨即在暴風雪中永遠消失。

在一次正式的英國茶會上，作家勞倫斯・豪斯曼脫下了外套，他這樣做，是免得讓那位只穿了襯衫到場的男子感到難堪。

網球選手馬茨・維蘭德，在一九八二年法國網球公開賽半決賽時，對手的一個擊球被誤判出界，他走到裁判面前說：「我不能這樣贏，那是個好球。」那個球只好重賽，維蘭德還是贏了，但贏得堂堂正正。

一九七五年的一天，作曲家約翰尼．默瑟接到一封信，寫信人叫薩迪．維姆絲蒂，是俄亥俄州一位賣化妝品的孀居老奶奶。她建議默瑟寫一首歌，歌名叫《當你心碎時，我願在你身邊撿拾那些碎片》。五年後，由薩迪．維姆絲蒂創意、約翰尼．默瑟作詞作曲的ＣＤ《我願在你身旁》出品發行。在唱片的標籤上，詞曲的創作者署名是約翰尼．默瑟、薩迪．維姆絲蒂。唱片的版稅五五分成，維姆絲蒂和她的繼承人因此獲得了巨額稿酬。

因為有這樣一些人存在，這個充滿壓榨的世界，突然顯得寬鬆，這個冷漠的世界突然有了溫暖，這個危機四伏的世界，突然顯得安全。

幽默大師的諒解

「我從未遇見一個我不喜歡的人。」威爾．羅起士經常這樣說。這位幽默大師之所以能說出這麼一句話，是因爲從來沒有人不喜歡他。

一八九八冬天，羅起士繼承了一個牧場。有一天，他養的一頭牛衝破附近農家的籬笆去啃食玉米，被農夫牽回去殺死了。按照當地人的規矩，農夫應該通知羅起士，先說明原因，然後再作處理，但農夫沒有這樣做。羅起士知道後，非常生氣，便叫了一名雇工陪他騎馬去和農夫理論。

他們半路上遇到寒流，人和馬身上都掛滿冰霜，倆人差點凍僵了。抵達農夫木屋的時候，他本人恰好不在家。農夫的妻子熱情地邀請兩位客人進去烤火，等她丈夫回來。羅起士烤火時，看見那女人面容憔悴，五個躲在桌椅後面對他窺視的孩子，都瘦得像小猴兒一樣。

農夫回來了，妻子告訴他，羅起士是冒著狂風嚴寒過來的。羅起士剛要開口跟農夫申明來意，農夫卻伸出手和他握手，並熱情地留他們吃晚飯。「二位只好吃這些豆子了，」他抱歉地說，「因爲剛剛在宰牛，忽然起了風，沒能宰好。」

盛情難卻，倆人便留下來。

在吃飯的時候，雇工一直等待羅起士開口講殺牛的事，但是羅起士只跟這家人說說笑笑。雇工準備自己提起這件事，卻被羅起士用眼神阻止了。其間，孩子們聽父親說，從明天起幾個星期都有牛肉吃，個個都高興得亂蹦亂跳。

飯後，寒風仍在怒號，主人夫婦一定要兩個客人住下。倆人於是又在那裏過夜。

第二天早晨，倆人喝了黑咖啡，吃了熱豆子和麵包，肚子飽飽地上路了。羅起士對此行來意依然閉口不提。路上，雇工不解地說：「我還以爲你會爲了那頭牛興師問罪呢！」

羅起士半晌不作聲，然後果斷地說：「從今以後，我們誰都不許再提這頭牛。」

羅起士還說了這樣一段話：「我本來是爲這頭牛來的，但是我盤算了一下，你知道嗎？我實際上並未白白失掉一頭牛，我換到了人情味兒，還換來了一個朋友。畢竟，他不是故意跟我過不去，也不知道那牛就是我的。況且，他們家是多麼需要一頭牛過冬啊！」

要原諒一個人，你必須先給自己找一個理由。從這個故事來看，最好的理由就是：一份善心和一份理解。

感恩

珍惜萬物的慧心

「爸爸媽媽，我告訴你們一個消息：我辭職了，我準備找一家更好的公司。」

「世界上沒有更好的公司，只有更好的人。你明白這個道理嗎？」

一個搭順風車的人

愛德華開著車，頂著風沙朝前走，看見遠處有一個人。那人衣衫襤褸，身材瘦小，頭上歪戴著舊布帽，背上用皮帶掛著兩個破背包。但他的臉上卻不是愛德華想像中一副愁苦潦倒的樣子，而是帶著安詳和平靜。

愛德華情不自禁地把車開到他身邊，問他是否想搭個便車。那人微微點頭，然後上了車。

到了預定的汽車旅館前面，愛德華讓他下了車。「多謝你。」他說，然後朝大路走去。

稍後，愛德華出去用餐，看到那個人竟然又站在自己的車旁，好像在等什麼人。

「你今天讓我搭了趟順風車，我應該報答你。」

「不必啦，只是一件小事。」愛德華說。

「不，那是一種善意。請！」他那暗淡的眼神使愛德華感到了一種完全陌生的規矩。

愛德華進了車廂，搖下車窗，望著他。他站在車外，把手慢慢伸進背包。愛德華不由得有點緊張，趕忙攥緊拳頭，但那人從背包裏拿出的是一支舊口琴，愛德華立刻寬了心。

曲聲悠然而起，愛德華不禁心馳神往。

愛德華聽不出口琴奏的是什麼音樂，既非古典曲子，又非鄉村音樂，也不是爵士樂，跟他所熟悉的音樂毫不相同。雖是即興而奏，各個音符卻彼此關聯如一串珍珠，一顆比一顆響亮。數到最大的一顆時，曲調突然下滑，一顆比一顆變小。奇妙優美的音樂，簡直讓愛德華聽呆了。

一對年輕夫婦從汽車旅館走出來，聽到口琴聲便駐足觀望。愛德華突然覺得不好意思，於是想用什麼話掩飾窘態。「不錯，熱門的搖滾樂。很好，可是我得走了。」愛德華說話時沒有顯出不客氣，但卻帶著一些挖苦和不在乎。那對年輕夫婦聽了哈哈大笑起來。

音樂由顫抖而逐漸停止，那人放下口琴，雙眼還在注視愛德華。他嚅動嘴唇，微微苦笑了一下，然後轉過身，往肩上拉了拉背包，走向大路，漸漸遠去。

愛德華忽然想追上那個在公路上逐漸縮小的人，但馬上又改變了主意。他看看頭頂上的太陽，用手摸了一下臉上的陽光，然後又茫然地從車上走下來。

將自己僅有的和最好的東西送給要感激的人，這是一種最為純粹的報答。

感激的人可能是卑微的，但感激的心卻永遠高貴。

迷路的小女孩

一大早，交警洛克剛值完晚班，正準備開車回家睡覺，忽然，從垃圾箱後面跑出一個小女孩，她說：「我迷路了，您能幫我找到家嗎？」

洛克讓女孩上了車，然後一邊慢慢開車，一邊詢問女孩家的電話及父母的姓名。

「我們昨天才搬家，還沒裝電話。我爸爸叫凱特，媽媽叫吉蒂，他們都很愛我。」女孩邊擺弄著手裏的布娃娃邊說。

洛克只好帶著她在街上到處轉。突然，女孩問道：「您愛您的爸爸媽媽嗎？」聽了孩子的話，洛克臉上有些不自在，因爲他父親是個吝嗇鬼，母親整天都不想回那個家。

女孩似乎看出了洛克的不快，她眨著無邪的眼睛說：「您不喜歡您的爸爸媽媽嗎？我永遠不會離開我爸爸媽媽，他們會愛我一輩子的。」

洛克開車在街上轉好幾圈了，可女孩還是沒有認出自己的家。停下車，洛克買了兩份早餐，邊吃邊跟女孩講自己的童年趣事。吃完以後，洛克重新發動了汽車：「孩子，跟你聊天我非常開心，可現在我不得不帶你去警察局。」

當汽車拐過一個街角時，女孩子突然抬手一指：「就是這裏，這兒就是我的家！」

洛克抬眼望去，不由吃驚得張大了嘴——那裏是一家孤兒院！女孩下了車，笑了笑說：「您是送我回來的第十個員警，謝謝您啦！」

看到洛克有些不解，女孩說：「沒什麼，我只是想聽聽別人童年的故事，就這樣。」說完，女孩跑向孤兒院的大門。進門的一剎那，她轉過身子，舉起手中的布娃娃，笑著說：「不過，我並沒有說謊。瞧，這個是爸爸凱特，這個是媽媽吉蒂，他們永遠都不會離開我。」

洛克想要說些什麼，但話到嘴邊又嚥下了。良久，洛克拿出電話：「喂，是我，洛克……不不不，這次我不是向您借錢的。爸爸，我只是問候一下，您和媽媽最近還好吧……」

或許我們的父母不是我們最喜歡的人，但有一個事實卻不能改變：是他們把生命的機會和權利給了我們。他們也許有很多無法容忍的缺點，但他們是我們獨一無二的親人，這個世界上沒有誰可以取代他們。他們現在還愛不愛我們並不重要，但我們一定要愛他們——這是任何一個人都沒有選擇的義務。

一束鮮花改變人生

喬治是紐約一家保險公司的行銷員，情人節爲女友買花時認識了一家花店的老闆本森，但也只是認識而已，因爲他總共只在本森的店裏買過兩次花。

後來，喬治爲客戶理賠一筆保險費，被莫名其妙地控以詐騙罪投入監獄，刑期二十年。聞此消息，女友離他而去。

面對從天而降的災難，喬治悲憤不已，女友的離去更讓他痛苦不堪。面對看不到一點兒光明的日子，他對未來完全失去了信心。只在獄中過了一個月，喬治便感到幾乎要徹底崩潰了。

就在喬治愁悶得快發瘋時，突然有人前來探望他。喬治在紐約沒有一個親人，因此實在想不出是誰會來看他。來到會見室，他不由得怔住了，原來是花店的老闆本森！他給喬治帶來了一大束鮮花。

雖然只是一束鮮花，喬治卻從中感受到人世的溫暖，希望之火開始在心頭重新燃燒。從此他不再傷心絕望，每天都滿懷激情地讀書學習，等待著有一天刑滿出獄。

六年後，喬治提前獲釋了。他先在一家電腦公司做雇員，不久自己開了一家軟體公司，僅僅四年的工夫，他便擁有了千萬身價。成了富豪的喬治特意去看望本森，卻得知他兩年前破了產，如今已舉家遷到鄉下。

喬治找到了本森，感激地對他說：「是你的一束鮮花，讓我重新開始留戀人世的愛與溫暖，是你給予我戰勝厄運的勇氣和信心，無論我做什麼，都不能回報你當年對我的幫助，我想以你的名義，捐一筆錢給慈善機構，讓天下所有不幸的人都感到你博大的愛心。」

不久，「華盛頓·本森愛心基金會」在紐約成立了，一間豪華的本森花店也重新開張了。

如果有人贈你一滴水，你應當回報以大海；如果別人給你一盞燭火，你就該回報滿天陽光。就像喬治，他接受的是一束玫瑰，但他回報了滿園春色——只因為那些無私的給予，都是在我們最為需要、最為艱難的時候。

塞特太太的煩惱

「塞特太太，實在抱歉，在沒有核對您的社會保險號碼前，我們無法給您發放新的駕照。」這是塞特太太第三次向他們耐心解釋所得到的回答。

她的社會保險卡丟了，是在火車站被偷的，同時被偷走的還有她的駕照、錢夾、信用卡、金融卡和孩子的照片。

辦事員卻告訴塞特太太：「我們的電腦當機了，您可以到州辦公處的另一個辦公地點去取駕照。您只要往東開十六公里，從二九〇號公路下去就可以了。」這一切麻煩都不是塞特太太的過錯，但她必須自己承擔。

塞特太太穿過街上擁擠的車流來到另一個辦公處，看到的是一條排著長隊等候的人流。「那個陌生人竟敢趁著剛過完耶誕節車站人多，就將我皮包的拉鏈拉開，把我的皮夾偷走。這已經給我造成了很大的麻煩，想不到，他們還要讓我東奔西跑……」簡直是浪費時間！塞特太太抱怨著，同時拿了一張號碼單去排隊。

塞特太太不僅因爲失竊而懊惱，也爲這一天遇到的不順而心煩。就在這時，有人叫了她的號碼，她走到櫃檯前。這時，她感覺有個穿粉紅色外套的女人跟在她身邊，與她同時向前走。塞特太太知道現在輪不到那個女人，就在辦事視窗前坐了下來。看她怎麼辦！塞特太太想。

「小姐，很抱歉，你必須先拿一個號碼牌，等輪到你時再過來。」視窗裏的職員有點惱火地對穿粉紅色外套的女人說。「可是，我只是想……」有兩個小孩正拉著她的衣服，她懷裏的嬰兒開始大哭，那位職員的態度越發生硬，怒氣沖沖地重複著剛才的話。

「小姐，麻煩您一下，」這位年輕的母親再次把頭湊近視窗，而且幾乎是哭著說話，「我只是想知道……我是不是可以在這裏拿到我先生的死亡證明？」

那位職員和塞特太太一下子都愣住了，不知道應該說些什麼。塞特太太甚至想將這位母親擁入懷中，擦去她臉上的淚水，抱抱那個哭泣的嬰兒，逗逗她剛學會走路的小孩。可一時又覺得做什麼都不合適，於是塞特太太從櫃檯前的

凳子上站起來，非常不好意思地對那個母親說：「您先辦吧。」

那位職員對這位悲傷的婦女已經改用尊敬的語氣，同時也給了塞特太太一張表，讓她回到坐位上去塡寫。可塞特太太一時不知道該做什麼才好，她感到慚愧，自己失去的只是一個皮夾，而那個女人失去的卻是丈夫。塞特太太一邊塡表，一邊這麼想著，覺得自己的損失已經變得微乎其微了。

塞特太太帶著感恩的心情去辦理接下來的事情，她的眼前不斷浮現出那個穿著粉紅色外套的女人，彷彿又聽到了她懷裏嬰兒的哭聲。開車的時候，塞特太太已經忘記了自己的煩惱，腦海裏湧現的全都是令人愉快的事情。

因為我們丟失了一些東西，所以我們才明白自己還擁有很多。要感激這種「失去」，更要感激讓我們「明白」的機遇。

小餐館的奇遇

當二十歲的開普勒夢想自己未來的時候，總是覺得前途一片灰暗。他的家庭並不富有，受的教育很有限，周圍的人也都不重視他。

爲了能夠養活自己，開普勒找到了一份臨時工作，當上了廚師。有一天已經很晚了，店裏只剩下開普勒一個人。正準備打烊時，一個人走了進來。他問開普勒，能不能爲一個可憐的澳大利亞遊客準備一份晚餐，他迷了路，而且非常餓。開普勒想都沒想，就答應了他的請求。

等開普勒從廚房裏出來，發現除了那個澳大利亞遊客之外，又來了一位不速之客，他坐在離澳大利亞人兩張桌子遠的地方。開普勒用英語同他打招呼，那個陌生客人聳了聳肩表示不懂。他用阿拉伯語解釋說他不會講英語，恰好開普勒在學校裏學過一點阿拉伯語，於是知道了這位客人是從沙特來的，他也在

市區迷了路，並且也很餓。

出於禮貌，吃飯的時候，開普勒一會兒跟澳大利亞人說說話，一會兒又同阿拉伯人聊幾句。他終於獲得了一個有趣的發現：這個阿拉伯人經營著一家進出口公司，這個澳大利亞人有一個很大的綿羊養殖場。

於是，開普勒問澳大利亞人，是不是有興趣把他養的羊出口到阿拉伯去，澳大利亞人高興得直點頭。開普勒又轉過身來問阿拉伯人，是不是願意從澳大利亞進口新鮮、肥美的綿羊，阿拉伯人說，如果可以的話，這簡直是他求之不得的事。

談話由此變得越來越熱烈，雙方交換了聯繫方式和位址，協商了價格，還互相把對方的銀行帳號也記在了餐巾紙上。

在經過一個小時的翻譯和談判之後，兩個客人互相握手表示慶賀，然後向開普勒道了再見。出門的時候，澳大利亞人又轉回身問道：「我怎麼和你取得聯繫呢？能給我留個地址嗎？」於是，最後一張餐巾紙也被寫上了字，然後三個人分手了。

幾個月後的一天，開普勒收到了一封信，是從澳大利亞寄來的。那個澳大利亞人在信中感謝開普勒所做的出色工作，同時感謝他敏銳的商業眼光。他告訴開普勒，已經有幾千隻羊在漂洋過海去沙烏地阿拉伯的路上了。在信封裏，還附上了一張五千美元的支票，作爲對開普勒的報答。

開普勒並沒想到要什麼回報，但這次機遇卻成了他一生的轉折。於是，他給澳大利亞人回了一封信，他說：「其實我應該感謝你，是你讓我明白了人生的價值所在，這是多少錢都買不來的東西。」在回信中，他又寄回了五千美元的支票。

不久，開普勒離開了這家餐廳，自己成立了一家對外貿易仲介公司，很快就成了百萬富翁。

在生活中，我們經常要充當兩種角色——施恩者和受恩者。當我們受恩的時候，一定要知道感激，知道那是一份難得的恩遇；當我們是施恩者的時候，最好很快忘掉它，更不要期待回報。

忘記所受之恩，我們會被人不齒；忘記所施之恩，我們會得到意外的滿足。

弗洛爾的施捨

很多年過去了，人們仍記得那個夏天。那眞是一場災難，嚴酷的炙熱烤乾了田地，除了農夫絕望的淚水，大地得不到任何滋潤。那場大旱讓許多村莊的村民在隨之而來的冬天遭受了無盡的痛苦，很多人逃離居所，四處乞討。夜晚，他們只能露宿野外，得不到任何能夠爲他們遮蔽寒風的庇護。

弗洛爾是一位勤奮老實的農夫，他的田地始終耕種得很好，加上生活儉樸，平時總是節衣縮食，所以，即使在天災降臨的年份，他的穀倉仍然儲滿糧食。

夏日的乾旱和冬天的饑餓，使糧食變得異常珍貴。對弗洛爾來說，這應該是一個發財的大好時機。但是，他沒有那麼做。「如果那樣，上帝會懲罰我的！」

弗洛爾決定幫助那些挨餓的人們。「我的朋友們，我知道你們需要食物。

上帝保佑，我還有很多糧食，你們需要多少，就拿多少去吧！」饑餓的人們知道了弗洛爾的善行，很快就來到他家。這位慷慨的農夫把自己儲備的糧食全部貢獻出來，解決了大家的燃眉之急。

弗洛爾的妻子提醒他：「難道你不需要爲自己的家庭考慮嗎？如果明年再遇到乾旱，那該怎麼辦？」弗洛爾告訴妻子：「《聖經》上說，施予會得到回報，上帝不會拋棄我們的。」

第二年，上帝似乎聽到了窮人的禱告，賜給了人們一個難得的大豐收。因得到弗洛爾的救助而免遭饑餓的人們，在收割完畢之後，都聚集到他的身邊。「你看，」他們說，「你把糧食借給我們，救了我們的妻子和孩子。如果不是因爲你，我們可能已經餓死了。現在我們所能做的，就是歸還你的糧食，並對你表達我們的謝意。」

「朋友們，我現在不需要糧食，」弗洛爾說，「今年我也同樣獲得了大豐收，我的糧食已經足夠多了。如果你們的糧食吃不完，就去幫助那些仍然處於饑餓中的人們吧，他們才是此刻需要糧食的人。如果你們這樣做了，就是對我最大的感激。」

一般的報答，只是對施恩者個人的報答；最好的報答，是對恩惠所包含的善意的報答。前者可以使我們成為一個有情的人，後者會使我們成為有義的人。

感激恩人，我們只是償還；感激善意，我們才會奉獻。

感恩節電話

三藩市的魯本給在紐約工作的兒子大衛打電話。

「我也不想讓你感到難受，但是我不得不告訴你這個壞消息——我和你母親打算離婚，四十五年的煎熬我們都受夠了。」魯本的話音中有一些失落感。

「老天！你在說什麼呀！爸爸！」大衛大吃一驚。

「這也是沒有辦法的事，現在我們甚至連互相看一眼都不願意，」魯本歎了口氣，接著說，「我們彼此討厭對方。其實我很不想提這件事，蘇珊那邊就由你告訴她吧！」說完，魯本便掛斷了電話。

大衛馬上給芝加哥的妹妹打電話：「蘇珊，你一定要冷靜，聽著，爸爸媽媽要離婚了，怎麼辦？」

「什麼？上帝呀，我們得趕快回去阻止他們！」蘇珊在電話那邊尖叫道。

掛斷哥哥的電話後，蘇珊立刻撥通了家裏的電話，是魯本接的電話。

「你們不許離婚！不許亂來！一切都要等我和大衛回來再說。我們明天就到，到時再做打算，千萬不要衝動！聽見沒有？」蘇珊一口氣嚷嚷完就掛了電話。

魯本放下話筒，轉身對妻子說：「好了，他們能回來過感恩節了。但耶誕節我們該怎麼說呢？」

感恩節是為了讓我們記得感恩，記得向我們愛的人和愛過我們的人傳送問候，或者表達敬意。

但我們常常卻將它當成了自己尋找快樂的日子，並因此忘掉我們要感激的人們。

其實，每天都要感恩，不僅是在感恩節。

紅草莓

伯傑是一個懂事的孩子，每到週末，他都要去兩公里以外的樹林裏撿柴。

那天是個好天氣，伯傑一會兒就撿到了許多木柴。太陽升起來了，他感到口渴難耐。

於是伯傑走向小溪，想在那裏找一個陰涼的地方休息一下，順便吃些東西，因爲他要到傍晚的時候才能回去。

小溪旁邊有一棵大樹，那可是個不錯的地方。當到了那裏的時候，伯傑發現樹下長了一些熟透的野草莓。

「正愁著這些乾巴巴的麵包吃不下去呢！把草莓夾在麵包裏，味道一定好極了！」

伯傑把帽子放在草地上，然後小心翼翼地把紅紅的野草莓一個個放在裏面。

「要是媽媽能和我一起分享這些美味該有多好呀！可是，她現在卻在陰暗的屋子裏承受疾病的折磨。」想到這些，伯傑把即將送入嘴裏的草莓放了下來。

「還是給媽媽留著吧！她現在正病著呢，吃了這些草莓一定會好受一些。」伯傑想。

可是，那些草莓實在是太誘人了，伯傑心想：「我幹活太累了，就吃一點點吧！」

於是伯傑把草莓分成兩堆。但是，每一堆看起來都很小，他又將它們放到了一起。

「只嘗一顆。」伯傑這樣想。無意中，他把最好的一顆拿了起來。快要送到嘴邊的時候，他發現了那是最大的一顆，於是又連忙把草莓放下。

「我要把最好的草莓留給媽媽。」猶豫了一會兒，伯傑作出了決定：把全部的草莓都留給媽媽。

最後，伯傑一顆草莓也沒有吃，他又去撿柴了。

黃昏的時候伯傑回到家，當他放下木柴時，聽到了媽媽的呼喚：「伯傑，你回來了嗎？快進來讓媽媽看看！」

伯傑高興地來到媽媽的床前，把草莓送給媽媽。「您看，我給您帶回了這麼多草莓！這是我專門留給媽媽您的。」

媽媽眼中頓時充滿了淚水，她用手撫摸著伯傑的頭說：「媽媽因爲有你這樣的孩子而感到驕傲，上帝保佑你！」

看到媽媽那樣高興，伯傑也感到非常快樂，他想：「這比我自己吃了草莓還要幸福一萬倍！」

好的品性可以給人力量和快樂，就如伯傑，他在孝敬母親的時候，自己也感到了無比的幸福。

只有那些可以從美德中體會到樂趣的人，才會願意展現和傳遞美德——事實上，這種領悟本身就是一種美德。

帕德魯斯基和胡佛

很多年以前，兩個貧窮的年輕人在史丹佛大學邊上學邊打工，生活和學習都很艱難。他們想和一位著名的鋼琴家合作舉辦一場音樂會，賺一筆門票錢用以支付學費。

這位大鋼琴家就是伊格納西·帕德魯斯基。他的經紀人和這兩個小夥子談判說，他們必須先籌足二千美元才行。這在當時不是個小數目，卻是大鋼琴家最低的出場價。

兩個年輕人答應了。他們倆開始拼命工作，但最後，只湊夠了一千六百美元。懷著忐忑不安的心情，兩個人去找大鋼琴家本人。他們把一千六百美元全都給了鋼琴家，還附上一張四百美元的欠條。他們對鋼琴家許諾說，一定會把餘下的四百美元還清！

「不用了，孩子們，」帕德魯斯基回答說，「不必這樣，完全不必。」說完他把欠條撕成兩半，並把一千六百美元送回他們手中。帕德魯斯基說：「我願意免費出場演奏，到時候，你們從門票中扣除你們的住宿費和學費，如果還有剩餘就歸我。」

許多年過去了。第一次世界大戰結束後，帕德魯斯基擔任了波蘭的國家總理，由於經濟蕭條，無數饑餓的人在向他呼救，身爲總理他不得不四處奔波尋求幫助。而當時能幫助他的只有一個人，就是美國食品與救濟署的署長赫伯特·胡佛。

胡佛得到了帕德魯斯基求救的訊息後立即答應了他的請求，不久，成千上萬噸的食品運到了波蘭，挽救了大批饑民的生命。

後來，帕德魯斯基總理在法國巴黎見到了胡佛，當面向他表示感謝。胡佛回答說：「不用謝，完全不用，帕德魯斯基先生，有件事您可能忘了，早先有兩個窮大學生很困難時，是您幫助了他們，其中一個，就是我。」

上帝的手指不會把任何一份善意抹去。隨著歲月的流逝，它不僅不會被忘卻，而且會在時光中被放大並傳播，一部分變成感激，一部分變成更大的善意。

優秀的傑克

蘇菲正在客廳裏，突然響起了一陣急促的電話鈴聲。她連忙抓起電話……當她聽完電話便驚呆了：她那七十九歲高齡的父親因心臟病突發去世了。

「爸爸！」當她沉痛地將消息告訴家人的時候，她的兒子傑克頓時痛哭失聲。在傑克五歲以前，外公曾經擔當過「爸爸」的角色，所以，傑克經常這麼稱呼他。在那些日子裏，蘇菲的丈夫經常夜裏工作，白天睡覺，帶傑克的任務就落在蘇菲父親的肩上。他帶傑克去理髮，吃冰淇淋，陪他打棒球。可以說，外公是傑克人生中的第一個好朋友。

傑克長大以後，蘇菲的父親要回到生養他的故鄉養老，分別的時候傑克傷心不已。但隨著時間的推移，他逐漸懂得了外公對老朋友和故土的眷戀之情。從此以後，外公的每一個電話和每一次來訪，都讓傑克欣喜若狂：他的「爸爸」

仍然沒有忘記他！

當蘇菲和孩子們走進殯儀館，走向他們的外公時，傑克緊緊地抓著媽媽的手。有數百位親友絡繹走進告別廳的時候，他們才依依不捨地離開老人的遺體，站在告別廳的一側。

突然，蘇菲發現傑克不知什麼時候竟然離開了她的身邊。環顧四周，她看見兒子正站在入口處幫助那些老人們——有的坐著輪椅，有的拄著拐杖，還有很多人則要斜靠在傑克的肩膀上由他攙扶著，才能走到外公的遺體前。

那天晚上，當喪事承辦人告訴蘇菲還需要一名護柩者的時候，傑克立刻問道：「先生，我可以嗎？」喪事承辦人建議他最好和妹妹還有媽媽待在一起，可是，傑克卻搖了搖頭說：「我小的時候，一直都是「爸爸」帶我，現在該我照顧一下他了！」聽到傑克的話，蘇菲頓時難過地哭了起來。

從那一刻起，蘇菲知道自己絕對不會再因爲傑克考不到好成績而嚴厲斥責他了，因爲原來那個好孩子的形象，根本就無法與眼前的兒子相比，他的善良，他的感激之心，都是上帝賜給她的最好禮物。

知恩者知勇，知恩者知恥，知恩者知義。有感恩心的人更願意承擔責任，所以，知道感恩的孩子成長得更快。

麥克阿瑟的五支筆

一九四五年九月二日，日本向盟國投降的儀式在日本東京灣的美國海軍戰艦「密蘇里」號上進行。

盟軍的簽字代表是赫赫有名的美國五星上將、盟軍最高統帥道格拉斯·麥克阿瑟。上午九時，簽字儀式開始，麥克亞瑟從艙內走出來，神情嚴肅地走到擴音器前發表了簡短的演說。

接著，他命令日本方面的代表重光葵、梅津美治郎在投降書上簽字。這兩個曾經不可一世的法西斯分子，這一天卻神情沮喪，狼狽不堪。

隨後，麥克亞瑟邁著矯健的步子，走到簽字桌邊代表盟軍簽字。那一天，他準備了五支派克金筆。他用第一支筆簽了「道格」兩字，然後將金筆送給站在身後的美軍中將溫賴特，他用第二支筆接著寫了「拉斯」，然後把筆送給英軍司令珀西瓦爾；第三支筆寫完「麥克阿瑟」之後就收了起來，送給美國政府檔案館；第四支筆簽完職務「盟軍最高統帥」後，送給美國西點軍校；第五支筆簽了年月日後，送給自己的愛妻瓊妮。

麥克阿瑟之所以要將頭兩支筆送給溫賴特和珀西瓦爾，其中包含著深刻的寓意。一九四二年三月，日軍集中兵力大舉進攻菲律賓巴丹半島的美、菲軍隊，美國政府擔心麥克亞瑟上將被日軍俘虜，於是命令他立即將指揮權交給剛接任駐菲美軍司令官溫賴特，然後派專機將麥克亞瑟接走。

不久，巴丹半島淪陷，溫賴特和原英軍駐新加坡司令珀西瓦爾以及美、菲約五萬名官兵全部被俘。溫賴特和珀西瓦爾被日軍關押在戰俘集中營，三年的牢獄生活，他們吃盡了苦頭，而且險些被折磨而死。

麥克阿瑟一直爲此事覺得對不起溫賴特和珀西瓦爾，在這次隆重的受降儀式上，麥克阿瑟特地邀請他們一同參加，想讓這兩位死裏逃生的戰友和自己一起享受勝利的喜悅，也讓他們在全世界人民面前昂起頭，從而洗清戰爭給他們留下的屈辱。

麥克阿瑟將簽字筆送給西點軍校，因爲它是美國的著名軍校，而且也是自

己的母校。麥克阿瑟當年以優異的成績從該校畢業，然後由少尉一路晉升到五星上將，並成爲「二戰」中的盟軍統帥。

麥克阿瑟送一支簽字筆給太太瓊妮・費爾克洛思，是感謝她這麼多年來的辛勞以及對他的眞摯愛意。自他從軍以來，東奔西走南征北戰，在炮火紛飛的戰場出生入死，費爾克洛思除了承擔所有的家務外，還爲他的安全擔驚受怕。因爲有她的支持和關愛，他的事業才能夠取得順利的成功。

麥克阿瑟用五支筆與戰敗國日本簽署投降書的佳話，至今仍在全世界廣爲流傳。

當我們取得成功的時候，每個人都應該至少準備五支筆，因為在那個時候，我們不僅要讓別人分享我們的快樂，更要讓一些曾經幫助過我們的人，一起分享我們的榮譽和獎賞。

每天都是恩賜

曾經有一個女孩子跟別人說，媽媽去世後，她才知道做家務是多麼辛苦，才知道，母愛原是多麼溫馨。

當你發現人生無常的時候，你是否爲自己擁有的一切而感謝上蒼？

我們有所愛的人，有愛我們的人，父母之愛，兄弟姐妹之愛，朋友之愛……這是多麼難能可貴。

我們有健康的身體，可以做自己喜歡做的事，吃自己喜歡吃的東西，這是多麼幸福！

我們有睡覺的地方，有一個可以歇息的懷抱。

每天早晨醒來，我們可以呼吸新鮮的空氣，可以看到蔚藍的天空，可以看見朝露和霞光，這一切，原來不是理所應得的，那是造物給我們的賜賞。

我們有一顆樂觀的心靈，有自己喜歡的性格和外表，有自己的夢想，可以聽自己喜歡的歌。這一切，都是命運的恩惠。

當我們擁有時，我們總是埋怨自己什麼都沒有；當我們失去時，我們卻忘記自己曾經擁有過什麼。

我們害怕歲月，卻不知道活著多麼可喜；我們認爲生存是多麼乏味，許多人卻在生死之間掙扎。

什麼時候，我們才會爲自己擁有的一切滿懷感激？

一個小女孩得了一種病：失去了痛覺。她的父母為她四處求醫，為她日夜禱告。終於有一天，她知道了疼痛。她痛得是那樣厲害，以至於牙齒都快咬碎了，但她仍露出了笑臉。她說：「媽媽，感謝上帝，感謝你，我痛啦！」

即使一個苦難深重的人，也有值得感激的東西；即使疼痛，它也是上帝的饋贈，也需要我們深深感激。

哈佛家訓／威廉・貝納德著. -- 一版. -- 臺北市：大地，2007〔民96〕
面：　公分. --（大地叢書：17）

ISBN 978-986-7480-79-8（第四冊：平裝）

1. 家訓

193　　　　96012804

哈佛家訓 4

大地叢書 017

作　　者	威廉・貝納德
譯　　者	張　玉
創 辦 人	姚宜瑛
發 行 人	吳錫清
主　　編	陳玟玟
出 版 者	大地出版社
社　　址	114台北市內湖區瑞光路358巷38弄36號4樓之2
劃撥帳號	50031946（戶名　大地出版社有限公司）
電　　話	02-26277749
傳　　眞	02-26270895
E-mail	vastplai@ms45.hinet.net
網　　址	www.vasplain.com.tw
美術設計	普林特斯資訊股份有限公司
印 刷 者	普林特斯資訊股份有限公司
一版二刷	2010年10月

大地

定　　價：200元